丹·琼斯中世纪史作品集之三

SUMMER OF BLOOD: THE PEASANTS' REVOLT OF 1381

by DAN JONES

Copyright: © DAN JONES 2009

This edition arranged with Georgina Capel Associates Ltd

through Big Apple Agency, Inc., Labuan, Malaysia.

Simplified Chinese edition copyright:

2019 SOCIAL SCIENCES ACADEMIC PRESS

    (CHINA).CASS

SUMMER OF BLOOD

The Peasants' Revolt of 1381

血

1381年
英格兰农民
起义

夏

〔英〕丹·琼斯　著
陆大鹏　刘晓晖　译

DAN JONES

社会科学文献出版社
SOCIAL SCIENCES ACADEMIC PRESS (CHINA)

本书获誉

既热情满满，也有天赋，对历史有敏锐的把握。勇气十足。这是一本令人爱不释手的惊喜之作。

——大卫·斯塔基

这是对英格兰南部大叛乱的精彩叙述，节奏感很强。

——*Time Out* 杂志

琼斯的处女作让中世纪跃然纸上。他既有学者的热情，也有小说家的天赋。他的叙述绘声绘色，生动形象，让人仿佛嗅得到血腥气。

——《泰晤士报》

琼斯用生动的细节描绘了 1381 年夏季的诸多暴行。他用可读性很强的风格重述了这个古老的故事。

——《BBC 历史杂志》

丹·琼斯的故事讲得精彩纷呈，洋溢着激情……这是一本关于英格兰"血夏"的精彩刺激的书。

——《泰晤士报文学增刊》

献给我的父母

目　录

第三部

埃申

盖斯廷索普　　小汉尼

黑　　斯道尔河　　戴德姆

水　　科尔内

河　　　　　曼宁特里

博金　斯蒂斯泰德　　科尔切斯特

切　　　　科吉舍尔　　金吉

登莫夫　　尔　布伦特里

沃　　克莱辛

尔　　圣殿　戈尔德汉

博　　　　格尔

沃尔瑟姆　河

切尔姆斯福德

英盖特斯通　　大巴多

哈弗林鲍尔　　拉姆斯登　雷滕登

埃诺森林　比勒瑞卡　克劳奇河

布　沃利　罗莱斯

伦　斯坦福　巴斯特贝尔

往伦敦　特　科灵厄姆　弗

伍　埃里思

德　马金

泰晤士河

乔克

达特福德　格雷夫森德

弗林兹伯里　　罗切斯特

肯　特　郡　博登　锡廷伯恩　法弗舍姆

丘　陵　地　带

梅德斯通　　坎特伯雷

大斯道尔河

梅德韦河

蒂伦河

罗瑟河

1381年5月和6月初
埃塞克斯郡和肯特郡的叛乱城镇

14 世 纪 的 伦 敦

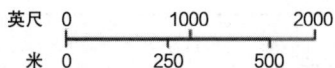

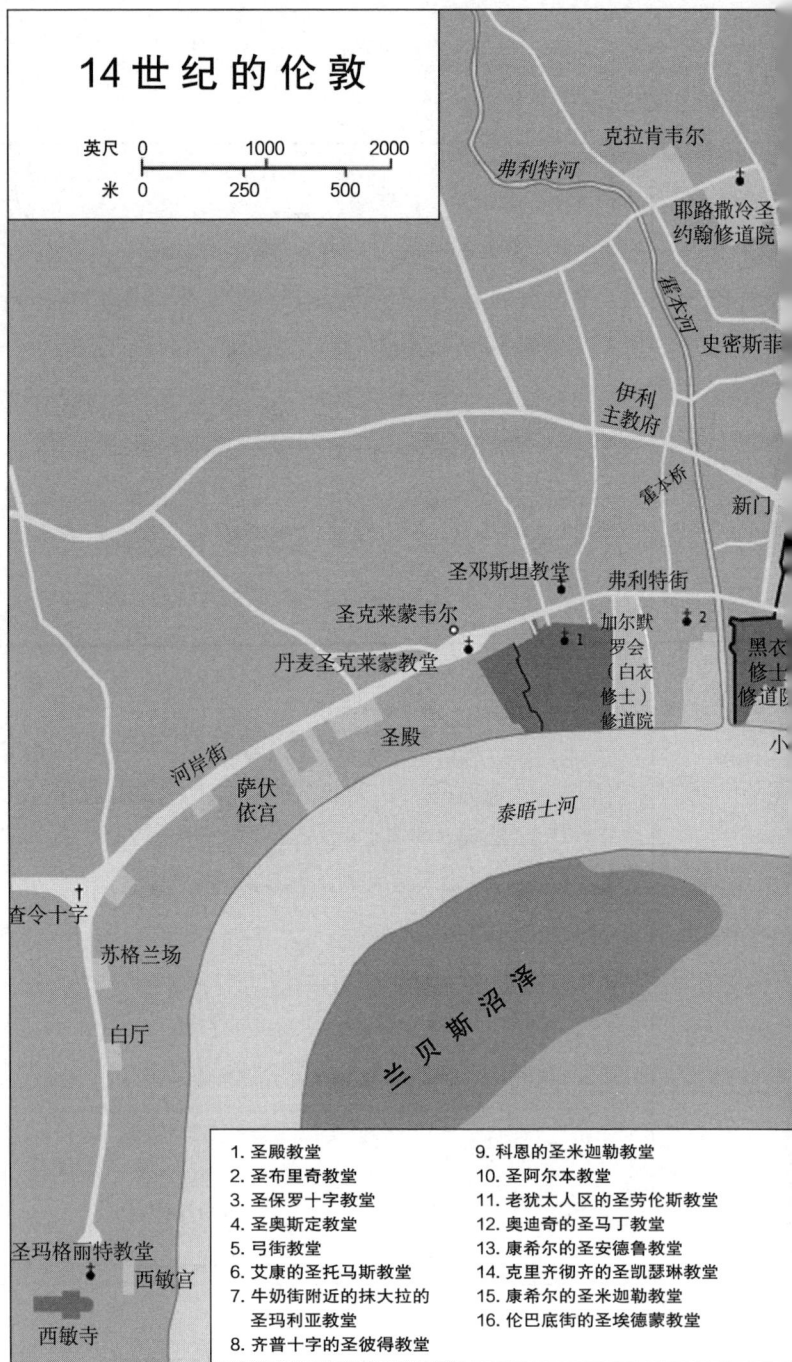

英尺 0   1000   2000

米 0   250   500

克拉肯韦尔

弗利特河

耶路撒冷圣
约翰修道院

泰本河

史密斯菲

伊利
主教府

霍本桥

新门

圣邓斯坦教堂

弗利特街

圣克莱蒙韦尔

加尔默
罗会
（白衣
修士）
修道院

丹麦圣克莱蒙教堂

黑衣
修士
修道院

河岸街

圣殿

萨伏
依宫

泰晤士河

小

查令十字

苏格兰场

白厅

兰
贝
斯
沼
泽

圣玛格丽特教堂

西敏宫

西敏寺

1. 圣殿教堂
2. 圣布里奇教堂
3. 圣保罗十字教堂
4. 圣奥斯定教堂
5. 弓街教堂
6. 艾康的圣托马斯教堂
7. 牛奶街附近的抹大拉的
   圣玛利亚教堂
8. 齐普十字的圣彼得教堂

9. 科恩的圣米迦勒教堂
10. 圣阿尔本教堂
11. 老犹太人区的圣劳伦斯教堂
12. 奥迪奇的圣马丁教堂
13. 康希尔的圣安德鲁教堂
14. 克里齐彻齐的圣凯瑟琳教堂
15. 康希尔的圣米迦勒教堂
16. 伦巴底街的圣埃德蒙教堂

会修道院

托罗
道院

医院
斯门

修道院

圣马丁
教堂

坡子门

木材街

艾尔辛医院

市政厅

罗斯布里

面包街

星期五街

老鱼街

昆海思

道盖特

伦敦桥

萨瑟克

塔巴德酒馆

沼泽门

科尔曼街

奥斯定
会修道院

沼泽荒地

伯利恒的
圣玛利亚医院

肖迪奇

主教门外圣伯
托尔夫教堂

主教门

圣海伦娜修道院

奥夫里的圣玛利亚
修道院

康希尔

康希尔圣彼得教堂

伦巴底街

东齐普

哈特街圣奥
拉弗教堂

塔街

阿尔德门外圣
伯托尔夫教堂

阿尔德门

圣玛利亚
恩典修道院

边门

圣彼得被
囚礼拜堂

比灵斯盖特

萨瑟克圣奥
拉弗教堂

伦敦塔

圣凯瑟琳
医院

17. 沃尔布鲁克街的圣斯蒂芬教堂	25. 博绍的圣玛利亚教堂	32. 法灵顿
18. 圣斯威森教堂	26. 大万圣教堂	33. 沃里克巷
19. 阿尔德玛利亚的圣玛利亚教堂	27. 马格努斯教堂	34. 屠宰场
20. 老鱼街附近的抹大拉的圣玛利亚教堂	28. 比灵斯盖特附近的圣伯托尔夫教堂	35. 谷物市场
21. 萨莫赛特的圣玛利亚教堂	29. 城东圣邓斯坦教堂	36. 齐普
22. 小圣三一教堂	30. 伦敦塔附近的万圣教堂	37. 家禽街
23. 圣詹姆斯教堂	31. 圣保罗大教堂	38. 牲口市场
24. 王家主祷文圣米迦勒教堂		

来源：https://commons.wikimedia.org/wiki/File:Map_of_London,_1300.svg.

1381年6月德斯潘塞主教的
旅行路线及与叛军的冲突

沃什湾

北海恩河

沼泽地带

维顿

莱德斯特兰德
北顿普维德
南赖马普维德
索普马基特
北沃尔厄姆
海文厄姆

辛弗利
圣本内特
修道院
茅斯霍尔

温特特顿
大雅茅斯
凯斯顿

洛斯托
夫特

朗福德

金斯林
素委里

耶尔河
威弗尼河
斯道尔河

诺里奇

贝里
拉夫姆

贝克尔斯

伊克灵厄姆

伊利

剑桥

皮得伯勒

拉姆齐修道院
享廷顿

斯坦福德
伯利

莱斯特
哈伯勒

北安普顿

作者序

十年前，我来到剑桥大学彭布罗克学院攻读历史学。当时我选择学习中世纪英格兰历史，这既是机缘巧合，也是一个正确的决定。

中世纪英格兰史在当时不是一个热门领域，人们一般觉得中世纪历史太污秽、太遥远、有点陌生，或者干脆觉得它沉闷无聊。有几门课程在整个剑桥大学仅有五六名本科生选修，我是其中之一。关于政治思想、都铎宫廷和伊斯兰历史的课程人满为患，而关于中世纪英格兰的危机与失序的课程虽然拥有世界一流的水准，却鲜有人问津。剑桥大学拥有中世纪历史学科的许多最顶级的学者，学生却很少。

我当时就觉得这很遗憾，现在还是这么以为。但在大学之外的现实世界里，趋势也是这样。我们对都铎王朝、维多利亚时代、古罗马和纳粹的历史很熟悉，但对1485年之前不列颠的历史却很陌生，尽管中世纪不仅确立了我们民族的个性，而且拥有极其丰富多彩、引人入胜的故事。

我希望本书以及我的下一本书能够让英国读者对中世纪历史重新产生兴趣。我想让新一代人了解到很多年前每一位大学毕业生都熟悉的故事：中世纪的英雄主义、卑劣、光荣与罪恶。这样讲的话，《血夏》是一个系列的开端。如果读者诸君喜欢本书，那么我可以乐观地相信整个系列会成功。

《血夏》能够问世，我要感谢很多人。我在写作本书的愉快过程中得到许多友好并且才华横溢的朋友的帮助。我在这里感谢他们。本书的一切遗漏和错误均由我本人负责。

首先要感谢那些启发我学习和写作历史的良师益友。首先是 Robin Green，还有彭布罗克学院的 Jon Parry、已故的 Mark Kaplanoff 和已故的 Clive Trebilcock。还有几位中世纪历史学家：Christine Carpenter，Helen Castor 和 Richard Partington。David Starkey 教了我许多写作技巧，并激励我去讲述人和地方的故事，而不是追踪抽象的运动和机构的发展。

我是伦敦最幸运的作家之一，因为我的经纪人是 Georgina Capel。她始终对我充满信心，从无数黑暗的时刻把我解救出来，给我勇气去书写我所认为的真相。她真是了不起！

我的出版商 Arabella Pike 从一开始就对这本书非常热情，并且非常耐心地等我交稿。在我还只是个满脑子宏伟计划的小伙子的时候，她就百般信任我。我希望本书和下一本书能够稍稍回报她的信任。她在 Harper Press 的才华横溢的团队也值得赞扬。我尤其要感谢 Michael Upchurch 的智慧和对稿子的理解。Sophie Goulden 帮我找到了一些出色的图片和地图，尽管我对她的指示有时非常含糊。

Leanda de Lisles 首先提出写一本关于 1381 年的书的想法。她一直鼓励我，一直是我的朋友和历史学同僚。

Paul Wilson 和 Walter Donahue 阅读了草稿的不同部分，提出了很多有价值的建议。他们都非常有才华，并且拨冗阅读了本书草稿。我为有这样的朋友感到骄傲。

伦敦图书馆、大英图书馆和索霍俱乐部的工作人员给我提供了书籍、地图和葡萄酒，这都非常关键。

最后，我的未婚妻 Jo Scotchmer 一直陪伴在我身边。她容忍我在睡前朗读稿子，并且在我偶尔绝望的时候优雅地安抚我。她是我的挚友和力量源泉。

感谢你们，我爱你们。

丹·琼斯

前　言

"造反了！造反了！"[1]

　　瓦特·泰勒率领嗜血的乌合之众杀进伦敦城"讨回公道"时发出的刺耳喧嚣令人刻骨难忘。他的大军由屋顶建筑工、农夫、面包师、磨坊工人、啤酒检验员①和本堂神父组成，他们在城里鼓噪了数日：血腥屠杀，乌烟瘴气，人们耳边尽是疯狂的嘶吼和痛楚的哭喊。在一位观察者看来，这情景仿佛地狱里的所有魔鬼都找到了黑暗的门户，如潮水般涌进了伦敦城。[2]

　　基督圣体节这天上午，泰勒的叛军呐喊着冲过伦敦桥，乱哄哄地涌过萨瑟克的大街小巷，奔向都城的街道，在身后留下黑烟滚滚的妓院和半壁倾颓的房屋。他们洗劫并烧毁了萨伏依宫，并为此欢呼雀跃、狂叫不止。（被毁之前的萨伏依宫是欧洲最雄伟辉煌的宫殿之一，也是英格兰最有权势的贵族引以为豪的资产。）泰勒叛军咆哮着将枢密院大臣从伦敦塔中拖出来斩首，然后和伦敦本地人一起，把躲藏在教堂内战战兢兢的佛兰德商人拉出来，在大街上把他们剁成肉泥。

　　1381 年夏季大叛乱的领导者是神秘的瓦特·泰勒和来自英格兰北部颇具远见卓识的布道者约翰·鲍尔。此次叛乱是中世

---

　　① 啤酒检验员（ale-conner 或 ale-taster 等）是旧时英格兰社区指派的负责检查面包、啤酒、艾尔酒等产品的质量与价格的官吏。因为常常需要收缴罚款，所以啤酒检验员很容易得罪人。伦敦至今仍有每年选拔啤酒检验员的传统。

纪晚期最令人震惊的事件之一。英格兰最卑微的男女揭竿而起，反抗那些最富裕、最有权势的同胞。叛乱在早期阶段组织有序，具有军事行动一般的严密性，最后却以不可收拾的混乱告终。

在这年 5 月到 8 月，几乎整个英格兰都被叛乱的熊熊烈火点燃。叛乱的最初导火索是政府连征三笔人头税，每一次征收都比之前更为蛮横；此外，当时的劳工法律极具压迫性，其宗旨就是让富人继续富有、穷人永远贫困。但在更广泛的层面，在当时英格兰很多普通百姓眼中，叛乱源于长期以来政府腐化无能，社会公义亦罕见伸张。和绝大多数叛乱一样，此次叛乱的参与者构成也颇为复杂，由许多说不清道不明的人组成。叛乱的核心是一个思想激进的密谋集团，他们主张彻底重塑英格兰政府与贵族体制。这个密谋集团的狂热感染了成千上万老实本分但心怀不满的劳动群众，他们普遍对自己的生存状态不满。在叛乱的外围还有许多投机分子、借机报复私仇之人以及不可救药的犯罪分子，他们时刻伺机从事暴力与偷窃的勾当。[3]

6 月 13 日至 16 日（也就是星期四到星期日）的周末正逢节庆，叛乱的焦点在这几天转移到伦敦，叛乱也在这几天达到高潮。这个周末，数千人从肯特郡首府坎特伯雷来到伦敦，与都城本地蠢蠢欲动的暴民会合，举行示威、引发骚乱，反过来向他们的统治者施以裁决。他们差一点就推翻了整个王国政府。此前的将近五年里，伦敦城因为派系斗争和民间的反政府情绪而四分五裂，所以在叛军抵达泰晤士河南岸几个钟头之后，伦敦城内就陷入了无政府状态。叛军在城内找到许多盟友，在极短时间里让政府彻底瘫痪，让达官贵人心惊胆寒，让萨伏依宫和其他许多雄伟建筑轰然倒地。公共秩序荡然无存，直到王室付出了巨大代价之后才得以恢复。在伦敦全城一度被置于军事管制之下后的几个月里，英格兰全国仍然风雨飘摇，政府先是害怕叛乱死灰复燃，后来又在这一年余下的大部分时间里用恐怖手段血腥镇压和报复叛乱者。1381年叛乱永久性地改变了英格兰的历史进程。

在伦敦之外，反叛精神极具传染性，埃塞克斯郡、肯特郡和东盎格利亚①都爆发了大规模叛乱。萨默塞特郡、萨塞克斯郡、牛津郡、莱斯特郡和约克郡也发生了零星的骚乱和市民暴动。即便在这个多事之夏结束之后，英格兰各地仍有人在密谋起事，富裕阶层对下层人民的反抗仍然忧心忡忡。这种担忧在14世纪中期以来的文献中时常可见。

简而言之，1381年叛乱是对英格兰政府的全面谴责，它以震撼人心的方式宣示了英格兰平民阶层新近觉醒的政治意识。长久以来，下层人民被地主和权贵视为牲口和炮灰，而如今民众已经证明自己是一支强大的力量，有战斗力、有政治意识，能够独自开展军事组织工作，也能爆发出恐怖的怒火。英格兰的大多数贵族、商人、律师和富裕教士早就怀疑劳工阶层有着暴力反抗的倾向，而他们最严重的担忧如今终于坐实。1381年叛乱标志着英格兰下层阶级反叛传统的开端。这种传统不断浮出水面，如1450年的杰克·凯德叛乱②、1549年的

---

① 东盎格利亚地区在英格兰东部，大致包括诺福克郡、萨福克郡和剑桥郡。
② 1450年，昏庸无能的亨利六世在位期间，因为政府腐败、连年对法作战造成经济低迷以及英格兰在前不久丢失了诺曼底，英格兰社会十分动荡。一个叫杰克·凯德的人（可能是化名，真实身份不详）率领数千肯特郡农民（后来也有骑士和士绅加入）发动叛乱，进军伦敦城，要求开展社会改革、铲除国王身边的奸臣等等。起初伦敦市民支持凯德，但因为凯德无法维持叛军的纪律，导致叛军在城内烧杀抢掠，伦敦市民转而反对他。在伦敦桥上双方发生激战，叛军溃散，凯德在逃亡过程中负伤身死。杰克·凯德叛乱是玫瑰战争爆发之前英格兰的主要动乱之一。

罗伯特·凯特叛乱①、1780 年的戈登勋爵暴乱②，以及 1990 年初春，即我们这个时代著名的"人头税"叛乱③。

　　1381 年叛乱被历史学家简称为"农民起义"，不过这种说法略有误导性。数百年来，1381 年叛乱在英格兰历史上的历次重大事件当中稳固地占据着一席之地。1381 年是英格兰历史进程（从 1066 年的黑斯廷斯战役到 1215 年的《大宪章》、1485 年的博斯沃斯原野战役，再到 1588 年的西班牙无敌舰队入侵等等）当中的重要里程碑。

　　但我们对 1381 年叛乱究竟了解多少？

　　和很多历史现象一样，1381 年叛乱很难得到全面而完整

---

① 1549 年（爱德华六世在位期间），诺福克郡爆发农民起义，主要原因是当时地主的圈地运动（地主强占公有土地，使得农民无地放牧；因为羊毛贸易利润丰厚，地主以各种手段驱赶佃农，将耕地改为牧场）导致通货膨胀、失业、地租增加、薪资下降，引起民愤。罗伯特·凯特是富裕农民，原本是农民起义军的攻击对象，后加入起义军并成为领导者。起义军到处拆除地主用来圈地的篱笆，并提出反对圈地、限制士绅权力、反对地主侵占公有资源和解放农奴等政治纲领。起义军一度占领诺里奇（当时英格兰的第二大城市）但终被政府军队镇压，凯特随后被绞死。

② 1780 年（正值美国独立战争期间），伦敦发生反对天主教的暴乱，起因是英国政府打算通过新法案，放松对天主教徒的限制和歧视性待遇，赋予他们更多自由（部分理由是战事吃紧，英国需要征募大批天主教徒士兵，还需要与西班牙、奥地利等天主教国家建立良好关系）。在激进的新教徒政治家乔治·戈登勋爵领导下，大批民众对政府的该项政策发起抗议，游行示威最终演变为暴乱，民众开始打砸店铺、袭击外国使馆、劫狱、袭击银行。在军队镇压之下，有数百人伤亡。戈登勋爵本人后来被判无罪。此次暴乱与英国战时糟糕的经济形势也有关系，并暴露出当时英国缺乏专业警察的问题。

③ 1989 年撒切尔担任英国首相时期，英国政府计划取消按照房产估值征收的赋税并改为人头税，引起激烈抗议。英国各地发生一系列游行示威和暴乱，最严重的是 1990 年 3 月 31 日伦敦的暴乱，据警方估计有 20 万人参加。最后政府撤销了人头税计划。

的讲述。关于这一事件的史料零散、残缺，并且严重倾向于叛军的受害者一方。叛乱的原因五花八门，有着经济、社会、政治和法律等各种层面；叛乱波及的地理范围也很广阔。记录叛乱过程的人们对其充满恐惧，而且这种恐惧延续了很长时间。英格兰的修道院编年史家记载了叛军的罪行，英格兰的律师记录了叛军受到的惩罚。他们在写作的时候都对叛军抱有极大偏见，对犯上作乱的农民恨之入骨，因此笔下对其大肆攻击和辱骂，用阶级仇恨污损了对这段历史的记忆。许多年来，这种阶级视角吸引了某些历史学家，但他们更感兴趣的是运用史学理论，而不是履行历史学家最重要的职责：尽可能准确地讲述精彩的故事。[4]

　　本书的宗旨就是恢复某种平衡，以让我们历史上最多彩多姿的历史事件之一焕发生机。1381年，农民闯入了历史舞台。尽管为他们著书作传的人是他们的受害者且对他们充满偏见，农民仍然为后世留下了许多扣人心弦、凶暴血腥、歇斯底里，但又偶尔令人捧腹的故事。他们的故事是一段癫狂而血腥的旅程，带我们进入英格兰历史上一个尚未得到深度探索的时期。而这个故事难免有一个血淋淋的结局，既充满悲剧性又令一些人安心，因为它揭示了关于叛乱的冷酷真相：即便最具有正当性的叛乱者，其最后的结局往往也是被枭首示众。

　　通过为1381年叛乱撰写这样一部新的叙述史，我的目标是把叛乱的起因概括得尽可能精练，把叛乱的过程描述得尽可能贴近历史真相，并用一种尽可能贴近受践踏之民众的感受的写法描写自感受辱的政府对农民的镇压和报复。我希望读者能够借此进入一个世界，它既与我们生活的世界有本质的不同，也有深刻的相似性。1381年农民叛乱的世界是一个晦暗而暧昧的世界。这个世界充满不公和令人发指的恶行；除了最顶层的富人之外，几乎所有人的日常生活都充斥着死亡、痛苦、疾病、不适和凄惨；在这个世界里，很大一部分民众被法律以某种形式束缚在土地上；在这个世界里，统治者向人民施加的规训无比严酷，而暴力是生活根深蒂固的一部分；在这个世界里，一个人临终前看到的最后景象也许是自己的内脏被堆在地上焚烧。

但这个世界也生机勃勃，五彩缤纷，体现着动人心魄的人性；雄心壮志可以让农奴发家致富；贵族及其爪牙受到慈善制度与社会责任、惩罚和批评的约束；虽然世间充满污秽、贫困与暴力，人们仍然相信自己的生活有可能得到改善。

当然，这也是个充满迷信并且等级森严的世界，统治者往往愚不可及，漫不经心的残暴行为司空见惯。但我在 2007 至 2009 年在伦敦写作本书的时候，有时也会惊讶地感受到，这个世界竟然如此亲切！

丹·琼斯

伦敦，2009 年

序　章

　　1390年，著名的肯特郡地主和诗人约翰·高尔详尽而悲观地反思了他眼中的世界。他在写一本笔调阴郁的书，题为《哭喊者之声》（*Vox Clamantis*）。在书中，他描述人类如何变得越来越软弱、腐败和卑贱，如何背弃上帝、沉迷于物质利益，所以必然遭到神罚。

　　高尔认为，体现人世之罪恶与上帝之愤怒的最显著例子莫过于1381年6月的事件：成群结队的庄稼汉（其中很多来自他所在的肯特郡）奔向伦敦，四处纵火，屠戮身份比他们高贵的人，把阻碍他们的人都吓得魂飞魄散。

　　"看呐，"他回想那年夏天的伦敦，写道，"那一天是基督圣体节，星期四，疯狂的人潮从四面八方围住了城市。"

　　……其中领头的人催促大家都跟随他。他在许多部下的支持下洗劫城市，屠戮市民，烧毁房屋。他并非单枪匹马，而是带领成千上万人为非作歹。他的嗓音吸引了许多疯子。他残忍而嗜血，向暴民呼喊："烧吧！杀吧！"

　　这个首领就是瓦特·泰勒。他领导的叛军虽然衣衫褴褛但组织有序。在高尔的上述描写中，叛军正在攻打一座私家宫殿。它的主人是政府名义上的首脑，也是英格兰民众眼中近些年来一切麻烦和问题的罪魁祸首：兰开斯特公爵冈特的约翰。

　　"萨伏依宫熊熊燃烧，面目全非，兰开斯特公爵都不知道

自己该走哪条路。"高尔写道。随后他继续描写泰勒破坏伦敦
若干古老建筑的罪行："施洗约翰的教堂没了主人，遭到焚
烧，很快化为灰烬。神圣的建筑毁于邪恶的烈火，可耻的火焰
与神圣的火焰融为一体。目瞪口呆的神父战栗着哭泣，恐惧夺
走了他们的每一分气力。"

高尔是个郁郁寡欢的人。这符合那个时代的风尚。他长
大成人的世界充满艰难困苦，足以让任何人变得悲观厌世。
高尔七岁时，英格兰与法兰西开战，导致肯特郡和英格兰南
海岸的其他地区长期面临着法军劫掠和袭击的危险。在他十
八岁时，一场严重的瘟疫首次横扫全国，消灭了英格兰总人
口的 40% 至 50%，后来在高尔的中年时期，瘟疫又多次爆
发。在他五十二岁时，泰勒的暴民蹂躏了从坎特伯雷到约克
的大小城镇与庄园宅邸。次年又发生地震，很多地方被夷为
平地。

但在上述的所有灾祸当中，让高尔印象最深的还是 1381
年的叛乱。他亲眼见证了此次叛乱，相信它象征着人类的疯
狂、背信弃义与恶毒；这些恶劣品质激怒了上帝，让他向人间
降下《旧约》式的大灾难。

乔叟用相当轻松的笔触描写了此次叛乱期间 140 名佛兰德
商人惨遭屠杀的悲剧，杀害他们的凶手是一群暴民，其中有伦
敦人，也有来自各郡的暴徒。（"杰克·斯特劳和他的党徒/击杀
佛兰德人时/也绝没有发出像这天追赶狐狸时一般高亢的咆哮，
一半也没有。"）[1] 除乔叟之外，英格兰大部分富人与权贵对
1381 年叛乱的反应都与高尔类似。此次叛乱充满了象征意义。
在当时的人看来，这是上帝给出的迹象，是撒旦作祟的结果，
是癫狂之举，是僧侣的阴谋，是异端作乱，是围城战，或者用

法兰西编年史家让·傅华萨①的话说，是"一桩乡村悲剧"。

1895 年，维多利亚时代著名的历史学家 G. C. 麦考莱在浏览剑桥大学图书馆档案时，发现了此前无人知晓的一部约翰·高尔著作。书名是《人类之镜》（Mirour de l'omme），写作时间大约是 1378 年。该书的笔调并不比《哭喊者之声》更加轻松愉快，不过这是在 1381 年叛乱之前而非之后写的。从这个角度看，该书为高尔基于宗教虔诚的立场对泰勒叛乱的批判增添了一个新维度。在这本书里，诗人简直就预言了将要发生的民众叛乱。

在高尔眼中，1370 年代充满了预兆和凶象，社会秩序随时可能发生灾难性的崩溃，愤怒的暴民会冲破枷锁，凶残地扑向英格兰的达官贵人。英格兰的邻国法兰西已经发生过这样的叛乱，即 1358 年的扎克雷叛乱：巴黎以北瓦兹河流域的平民揭竿而起，反抗贵族领主，起因是抗税和抗议对英作战不力。在《人类之镜》中，高尔写道：

> 有三样东西，
> 若是占了上风，
> 会造成无情的毁灭。
> 其一是洪水，

---

① 让·傅华萨（1333？~1400/1401），法兰西诗人和宫廷史官。他作为学者，四处游历，生活在若干欧洲宫廷的达官显贵之中。他的《闻见录》是叙述英法百年战争的第一手资料，包括佛兰德、西班牙、葡萄牙、法兰西和英格兰的大事。《闻见录》是封建时代最重要和最详尽的文献材料，也是对当时骑士与宫廷生活的真实记述。他也写谣曲、回旋诗和寓言诗，赞颂典雅的爱情。

> 二是火灾，
> 其三是小民，
> 亦即广大民众。
> 因为无论理智还是惩戒，
> 都阻挡不了它们。

高尔、乔叟和同时代人会用好几个词来称呼"小民"。用拉丁文写作的修道院编年史家通常称其为 rustica 和 villani，而这些编年史的英译本用的词包括 yokel，rustic，serf，villein，churl，bondsman，当然还有 peasant。这些词有两种常见的内涵：这些人是未受过教育的乡下人；在某种程度上，他们对地主负有历史悠久的、世袭人身义务，所以他们在一定程度上被"束缚"在土地上（尤其是 serf，villein，churl，bondsman 这几个词在这方面的意义特别突出）。

虽然 1381 年叛乱通常被称为"农民起义"，但这一翻译造成了很多问题。"农民"（peasant）渐渐变成了人们习以为常的词，现在几乎已成为陈词滥调。我们很容易想象中世纪的农民是大老粗和泥腿子，身穿粗布衣服，生活极其简朴并且千篇一律，寿命也不长。

然而真相比这复杂得多。到 14 世纪晚期，英格兰经济已经高度多元化，尤其是东南部的市场经济已经相当繁荣。英格兰的平民不单纯是自给自足的佃农，他们也有多种不同的职业、行当与专长。当时英格兰的劳工法律提及的职业包括：马车夫、犁地的农夫、牧羊人、养猪人、家仆、木匠、泥瓦匠、屋顶建筑工、专门盖茅草屋顶的工匠、鞋匠、金匠、马蹄铁匠、马刺工匠、制革工匠、粉刷工以及"陆路与水路的运输工人"。虽然英格兰当时还不是一个"小店主的国家",但它已经是一个多元化且高度复杂的国家,一个统一的经济体将各社区连接起来,并将本国与欧洲大陆市场连通。

英格兰农村的普通民众生活在村庄里。村庄由若干栋茅屋组成,每栋茅屋通常有两个房间,可容纳一户三到四人的小家庭居住。虽然这些村庄还不是我们今天熟悉的那种大多数人口集中居住在一个核心地带的村庄,但仍然算得上组织有序的定居点,通过社会结构与道德风尚来管理村民的生活。房屋通常分布在主路沿线,村庄中央有教堂,可能有公用草地以供放牧,另外还有地主的宅邸。村庄周围有三或四块大农田,面积可达数英亩,没有篱笆但分成若干块长条状的用地。每户人家从地主那里租用一长条土地,地主也会直接控制额外的一大片土地。

从1066年诺曼征服到14世纪末,英格兰大量平民依赖租借小块土地耕作为生,而他们缴纳地租的方式是世袭的强制劳役。全国各地的地租体制和领主的司法权限各不相同,往往也不是严格遵循村庄的组织结构,但任何地方都有领主统治。一般来讲,领主会要求佃农每年提供若干天的"免费"劳动或固定报酬的劳动。傅华萨描述了农民通常的职责:"法律和风俗要求他们耕种领主的土地,为其收割庄稼、将庄稼收入粮仓、打谷扬谷;他们还必须为领主收割和搬运干草、砍伐和搬运树木,并从事各式各样的劳动。"实际上农民需要承担的劳役种类比这更多。农民为领主义务劳动的原则持续了很长时间。农民的自由非常有限,很难从一个领主门下"跳槽"到另一个领主门下,而且在很多地方农奴制(领主完全占有农民的人身)仍然盛行。逃亡农奴一旦被抓住就会遭到鞭笞或者被剪掉耳朵,或者脸上被烙印。

但到了 14 世纪，很多农奴得到了解放。农民缴纳地租的方式也不再单纯靠劳役，而是可以通过劳役和现金地租结合的方式，还可以完全用现金。村庄里可能既有农奴也有自由农民，领主之下的平民也分三六九等。很多农奴的后代已经摆脱了农奴身份的束缚，获得了自由人的法律地位，开始从事土地投机，雇用其他村民为自己劳动，用法律保护自己的财产，并产生一种阶层跃升者的心态。

尽管如此，封建领主的统治仍然牢不可破。不管农民从领主那里租赁土地还是自己拥有土地，又或者用劳役来换取土地的使用权，封建关系都是双向的。相对于小民，英格兰的大地主拥有相当强大的政治和法律权力。领主担任庄园法庭的法官，有责任保护佃农的财产。这种司法权会影响到该地区的每一个人。如果一位村民陷入争端，或者儿子成了残废、女儿被绑架、房屋被烧毁、土地被抢走，或者一觉醒来发现自己的羊被别人宰杀或羊毛在夜间被剪掉并偷走，那么他通常会向自己的领主寻求赔偿、保护或裁决。

当然对农民来说，领主的统治有许多坏处。有些领主生性卑劣，想方设法利用自己的地位从农民手中榨取往往微不足道的利益，比如农民嫁女儿时要给领主一点好处，或者继承父亲的财产时要向领主缴纳费用。当领主与邻居发生争端、需要动用暴力时，会要求村民帮忙斗殴。（农民大多没有习武的经历，虽然高超的长弓射术是 14 世纪英格兰军队的一大标志，但只有骑士阶层出身的人才有充足的闲暇时间和金钱来掌握真正具有实战性的军事技能。下层平民被召唤参战，通常是在敌人的弩弓之下充当炮灰。）此外，农民还有可能被征召去保卫君主的领国，有的农民因此不得不远赴欧洲大陆作战；而英格兰南部海岸的村民在14世纪还需要长期面对法兰西军队的袭击和烧杀抢掠。

尽管在人生中有着不时袭来的麻烦和来自惨淡现实的纷扰，但至少从诺曼征服以来，英格兰社会的各阶层还是能够相对和平地共存的。中世纪生活是等级森严的，人们对于自己在世间地位的认识与关于基督徒职责的理念和关于社会秩序之神圣性的信仰密不可分。一般来讲，对于领主的慈善之举和对农民的家长式关怀，佃农一般也通过尊重和对领主权威的服从报以回馈。当时的农村不存在今天我们理解的那种治安管理。头脑敏锐的领主明白，自己必须通过维持现存的乡村等级制来管理庄园并履行地方政府的职能。村里需要有地位较高的农民帮助领主开展行政管理；如果领主提出不受民众欢迎的要求，他们也需要这样的人来帮助自己与村民协商落实。

除了领主制的双向关系之外，各阶层之间充分的上升空间也有助于维持社会的秩序。很多人能够改善自己的生活状况，提升自己的社会地位，摆脱最底层的艰辛劳苦。1367年至1371年担任温切斯特主教的威廉·威克姆可能就出身农家。14世纪的犁地农夫克莱门特·帕斯顿建立了以书信闻名的诺福克郡帕斯顿家族，这是15世纪英格兰最著名的士绅家族之一。① 如果领主与佃农之间的关系能够处理得比较妥当，两个阶层之间就能避免长期冲突。现实往往也正是如此。

但在1381年，农民却用暴力来彻底否定并抗拒领主制。

---

① 诺福克郡的士绅帕斯顿家族在1422～1509年间留下大量书信、公文和其他重要文档，成为研究这段历史（约翰·凯德起义、玫瑰战争等）的重要史料。

对古老社会结构的敌意，引发了高尔预言的"无情的毁灭"。广大平民奋起反抗，而且就像高尔预言的那样，不受理智和惩戒的约束。为什么会这样？

答案非常复杂。要想理解1381年的叛乱者为什么愤怒，唯一办法是更深入地了解此前三十年里英格兰社会是如何演化出一种新形态的。1381年叛乱的原因很多，其中有几个特别重要。而其中最重要的因素就是英格兰历史上（到当时为止）最残酷无情的杀手：黑死病。

黑死病是从欧洲大陆传到英格兰的，可能于1348年通过海峡群岛入境。布里斯托尔、南安普敦和梅尔科姆雷吉斯（今天的韦茅斯）首当其冲，黑死病随后以每天一到五英里的速度从港口向内陆传播，最终消灭了将近一半的英格兰人口。黑死病有三种类型，每一种都同样恐怖：第一种是腺鼠疫，患者的颈部、腋窝和腹股沟会长出鸡蛋乃至苹果那么大的肿块或肿瘤，在染病一周内死亡；第二种由空气传播，会破坏人的呼吸系统，患者通常在感染后四十八小时内死亡；还有一种败血性鼠疫，会破坏血液系统，导致内出血，患者全身会出现被称为"上帝的标记"的黑斑。

欧洲各地有许多人染病死去。意大利作家乔万尼·薄伽丘说意大利发生的瘟疫是上帝怒火的表现。苏格兰人则轻率地评判说，黑死病是上帝专门对英格兰人降下的怒火。苏格兰人"惯于在骂人时诅咒对方'死得像英格兰人一样丑恶'"。[2]

但瘟疫在肆虐时并不区分苏格兰人和英格兰人，也不分社会等级。全欧洲的贵族士绅为了避免染上瘟疫而闭门不出，但瘟疫的来势实在过于迅猛。人们尝试过的对付瘟疫的疗法包括把花束捧在鼻子前嗅、在客栈喝酒狂欢、闭门不出、放血和祈祷，但这些办法都没有用。最富有的人可以尝试一些极为昂贵的药剂（爱德华三世国王某次身患痢疾之后得到的药方是用龙涎香、麝香、珍珠、黄金和白银制成的药糖剂，一剂药价值134英镑，相当于三名骑士的岁入之和），但这也徒劳无功。大主教和他们的部下与教民一样死于痛苦之中：1349年7月，教宗在罗马任命托马斯·布拉德沃丁为新任坎特伯雷大主教，他在返回英格兰短短两天之后便死于瘟疫。英格兰平民大量死亡，极少数幸存且愿意处置尸体的人只能将不计其数的死尸堆入壕沟。与此同时还爆发了牛羊的瘟疫，导致乡间遍地死尸，"严重腐烂，连鸟和野兽都不愿触碰"。[3]

居高不下的死亡率在全欧洲引发恐慌。除了黑死病疫情之外，英格兰政府还要为它造成的经济后果担忧。1349年，爱德华三世匆匆颁布御旨，即《劳工条例》（Ordinance of Labouvers）。"因为许多人，尤其是工匠和仆人，在近期死于瘟疫，"御旨这样写道，"主人严重缺少仆人，陷入窘境，所以很多仆人索要过高的薪酬。"换句话说，黑死病的幸存者有可能一夜致富。黑死病爆发之前的劳动力市场是一个买方市场，英格兰下层阶级需要花费很大力气才能找到工作，而如今他们突然掌握了定价的主动权。这种状况令政府担忧。政府的回应是1351年议会通过的《劳工法》。《劳工法》为各行各业的工人制定了固定的最高日薪标准，人为地将工资压制在较低水平。农夫、马具制造工、裁缝、鱼贩子、屠夫、啤酒酿造工、面包师和英格兰的其他每一种劳工和匠人都被禁止索要高于黑死病爆发之前标准的薪金；如果他们"拒绝为要求他们服务的主顾服务"，就触犯了法律，这意味着无论何时何地，他们都必须根据领主的要求进行劳动。违反这部法律的人将受到严惩，首次犯罪者将披枷戴锁被囚禁三日，还要缴纳罚款（给商品涨价的店主受到的罚金数额是其价格涨幅的三倍），屡教不改者将被监禁。

《劳工法》自颁布之日就受到敌视、鄙夷和直截了当的排斥。这个时代还没有经济学理论，但刻意干预供需关系的行为很明显是不公平的。而且《劳工法》也不能解决问题。社会对劳工的需求远远超过供给，《劳工法》很快就显得不切实际。但仍然有一些地主试图执行《劳工法》。没有佃农耕作土地，于是对薪资的要求上涨而地租下跌，大地主的财富基础岌岌可危。根据《劳工法》开展的诉讼数量猛增。在1370年代，国王法庭处理的70%的案件与劳工法律有关，再加上领主们新近开始积极运用自己私人的庄园法庭来强迫工人尽可能多地劳动，对法律的不满与抵制很快在下层阶级当中蔚然成风。[4]《劳工法》非但不保护劳工阶级，还专门压迫他们，否定他们获得公平报酬的权利，阻挠他们获取和保护自己的财产。

但从贵族的角度看，《劳工法》是非常合理的。乡野村夫若一夜暴富，就会威胁到神圣的社会秩序，还会威胁到贵族的财富。在贵族眼中，劳工薪资上升才是不公平的。用《劳工法》的原文来说，"瘟疫之后，许多仆人闲散浪荡，满腹恶意，索要令人发指的高薪，否则不肯劳动"。[5] 在贵族看来，很多野心勃勃的富裕村民开始沾染与他们的身份不相称的浮华习气，他们穿戴光鲜，将自己乔装打扮为贵人。高尔用动物寓言这一典型的形式描述道："驴子现在开始享受镶嵌珠宝的马鞍，总是梳理自己的鬃毛。"于是，1363 年的议会重新颁布了二十五年前发布的旨在厉行节约的法律，试图维护阶级壁垒。该法律规定，只有贵族、绅士和商人可以穿皮毛服装和时髦的尖头鞋（法律规定贵族的鞋的尖端长度可以达到 24 英寸，绅士不得超过 12 英寸，商人不得超过 6.5 英寸）。法律还规定下层阶级只能食用最基本的食物。

对于突然感受到来自国家法律之沉重压力的劳工阶层而言，这些立法构成了一种严重的侵害。这些法律不仅限制他们的薪水，还要粉碎他们提升自己社会地位的梦想。在之前几十年里，社会阶层间的向上流动性相当强，而如今小民自我提升的梦想又一次受到威胁。新型农奴制的幽灵开始盘旋在英格兰乡村上空，这也许和旧的庄园制度不是一回事，但法律的目的似乎是要逐渐把农民重新束缚起来。

在 1370 年代，紧张气氛越来越明显，也越来越令人担忧。一个人即使没有要高尔那样的预言才华也能看得清这一点。很快，下议院议员（主要由士绅组成，代表这一阶层的利益）开始抱怨下层阶级对上层的敌意越来越严重，称下层民众"拉帮结派，缔约结盟，共同用暴力抵抗领主及其官吏……如果领主的官吏为了迫使劳工服务而扣押他们，他们就威胁杀掉这些官吏"。[6]全国各地的下层阶级都开始反抗。人们真切地感受到，英格兰的下层阶级正在觉醒，他们正在认识到自己拥有的独立力量。这对社会和王国的神圣结构造成了威胁，所以十分令人担忧，因为在中世纪的世界观里，社会等级之间恒久的尊卑关系是基督教秩序的基本原则。

但强大的经济力量仍然在掌控着英格兰社会。在肆无忌惮的游方讼师怂恿下，英格兰各地的很多村民都试图在法庭上为自己争取自由人的地位。开始有整个村庄自称享有《末日审判书》①赋予的特殊地位，主张这部古代文献能够证明他们享有自由权利，所以领主无权要求他们劳动，也无权索取他们的财富。1376 年秋季还出现了所谓"大谣言"，这次运动发生在英格兰南方富饶的心脏地带。村民开始聘请律师，让他们申请《末日审判书》的"样本"[7]。（也就是得到官方认可的《末日审判书》当中部分内容的抄本，描述诺曼征服时期该村庄的状态；这种抄本的封面上盖着大法官的大印。）

1376 至 1377 年间，近 100 个村庄申请了《末日审判书》的官方抄本。获取这种抄本在法律上并不困难，但还是需要专业法律知识、金钱和在伦敦司法体系内的良好人脉。普通村民突然间变得足够富裕、聪明和大胆，竟然开始参与法律和政治事务，这让地主惴惴不安。农民在法律方面的活动，再加上若干案例中农民直接威胁杀伤自己敌人的行为，让英格兰的统治阶级开始担心，来自下层阶级的威胁也许过不了多久就会变成现实。

除了这些社会动荡和纷扰之外，英格兰还长期受到战争的威胁。从 1336 年起，也就是爱德华三世在位早期，英格兰就开始与法兰西进行激烈而血腥的斗争。历史学家称之为百年战争，不过这场战争实际上断断续续地打了 116 年。起初，年轻

---

① 《末日审判书》（Domesday Book）是 1086 年完成的大规模调查英格兰的记录，由征服者威廉实施，类似于现在政府的人口普查。威廉需要知悉他刚刚征服的国家的信息，以便妥善管理英格兰。调查的主要目的是确认臣民的财产状况并让他们交税。书名 Domesday（Doomsday 的中古英语拼法，意为"世界末日"）从 12 世纪开始使用，强调了这本书的最终性和权威性。根据其调查结果，当时的英格兰约有 150 万人口，其中 90%以上是农民。

的爱德华三世是精明强干的军事家和强有力的政治谈判者，战事对英格兰来说很顺利。无论在海洋还是陆地上，英格兰都赢得了一些辉煌胜利，这主要归功于英格兰人使用长弓的高超本领。长弓射出的箭能够穿透法兰西人的铠甲，也能在远距离轻松地杀死敌人的战马。英格兰全国的注意力都集中于战争，贵族也陶醉其中。擅长处理国内关系的爱德华三世给自己设定了一个压倒一切的总目标：夺取法兰西王位。

无论在哪个世纪，对任何一位英格兰国王来说，征服法兰西都是了不起的雄心壮志。法兰西王国的领土比英格兰广袤，而且两国之间隔着海峡，英格兰很难在法兰西境内维持军队的运转。英军需要从本土获取部分给养，而他们在法兰西占领的新土地也需要驻军来防守，但驻军的开销十分高昂。英格兰承受的负担极其沉重。

虽然对法战争的代价不菲，但胜利的诱惑也很大。战胜法兰西将让英格兰成为欧洲政治的中心，这必然会给英格兰王室带来无上光荣。战争也给热爱骑士文化、实际领导作战的英格兰本土贵族以一种深刻的军事使命感。普通士兵则始终乐意远赴法兰西，因为他们在那里能比在冰冷的苏格兰南部边境城镇掳掠到更丰厚的战利品。

年轻的爱德华三世与儿子爱德华王子（历史学家称其为黑太子）通力合作，在法兰西各地取得一连串大捷。在1346年的克雷西战役中，国王让十六岁的黑太子领兵对抗拥有兵力优势的法兰西军队，取得了惊人的胜利。法军惨败，许多法兰西贵族殒命沙场。

捷报纷至沓来。1346年晚些时候，苏格兰国王大卫二世在达勒姆附近被英军俘虏。次年，英军征服了法兰西港口城市加来，之后英格兰将会统治该城两个世纪。英军的胜利在1356 年的普瓦捷战役中迎来高潮：爱德华王子指挥的英军在法兰西西南部与法王约翰二世率领的法军遭遇，他在会战中运用与克雷西战役相似的战术，以弓箭手为主要攻击力量，杀死大批法兰西贵族并俘虏了法王。

此次胜利之后，两国于 1360 至 1361 年间缔结并签署了《布雷蒂尼条约》。在该条约中，爱德华三世对法兰西大片领土提出主张权，包括加斯科涅、法兰西北部的若干伯爵领地和加来周边地区。法兰西人不得不用巨额赎金赎回约翰二世，英格兰王室的威望达到令人难以置信的高度。《布雷蒂尼条约》是爱德华三世王权的最高峰，从很多角度来看也是 14 世纪英格兰的鼎盛时刻。在这个时代，法兰西是敌人，而英格兰是强大的胜利者，英格兰王权在国内稳如磐石、无比自豪。

但这一势头不可能永远持续下去。《布雷蒂尼条约》之后，英格兰的国运开始走下坡路。1364 年，被俘的法王约翰二世在伦敦去世，此时他的赎金还没有全部付清。他的继承者查理五世是一位非常精明的政治家，也是爱德华三世的强劲对手，他挫败了英王在佛兰德和布列塔尼的野心，抵制了英王在法兰西巩固自己势力范围的努力，并与卡斯蒂利亚人结盟来反对爱德华王子在加斯科涅的统治。在爱德华三世统治的余下时光里，英格兰不再享有光荣的胜利，而维持军队长期作战的军费给英格兰造成了越来越沉重的负担，令国民再也无力应付漫长战争带来的严苛要求。黑太子在卡斯蒂利亚作战时染上痢疾，长期忍受病痛折磨，最后在痛苦中死去。与此同时，爱德华三世自己也变得越来越软弱昏聩。在 1370 年代，他的统治和他的臣仆不断遭到纳税人阶层的抨击，后者越来越不愿意向战争的无底洞投入金钱，更何况这场战争原本就是出于国王的野心，而如今战争陷入了泥沼。当初那个只差一点就能实现的梦想让英格兰人付出了沉重的代价，而它如今已开始化为泡影。

1376 年，爱德华三世时日无多，黑太子则去世不久。在这一年的议会上，参政者向国王发难。抗议的主力是下议院议员，他们来自英格兰社会的中等和中等偏上阶层，如骑士、市民、大地主和各郡的闻达显贵。这些人经常抱怨自己是被压榨得最惨的一群人。从人口比例来看，这个群体的税负比上层贵族重得多，而在黑死病之后，管理庄园的成本又在飙升。他们愤恨地抱怨自己"受到好几种灾祸的沉重打击，比如在法兰西、西班牙、爱尔兰、吉耶讷①、布列塔尼和其他地方的战争"。[8]因此，他们开始要求进行政治改革。

这次议会后来被称为"好议会"，三十多年来政界最严重的普遍不满情绪竟然用这个词来概括，的确令人诧异。国王的内廷受到清洗，他的情妇爱丽丝·佩勒斯遭到严厉斥责。议会弹劾的程序第一次得到运用，其对象是王室的一些臣仆，他们被普遍指责为军费管理不善和宫廷腐败的主要罪人。理查·莱昂斯是伦敦的巨商之一，他曾因借贷给王室充作一部分军费得到宠幸，如今则遭到弹劾与监禁。下议院议员的怒火针对的另外几个关键人物也迎来了和莱昂斯一样的命运。下议院议员坚

---

① 吉耶讷是法兰西西南部的一个地区，在 12 世纪与加斯科涅一起构成阿基坦公国。因为阿基坦女公爵埃莉诺嫁给英王亨利二世，阿基坦此后长期受英格兰王室统治，但理论上的最高宗主是法兰西国王。1360 年《布雷蒂尼条约》签订之后，英王爱德华三世获得吉耶讷的完整主权。1451 年，吉耶讷被法兰西王室征服。

决地抨击王室政府，就连黑太子（1376年去世）和爱德华（1377年驾崩）死后得到的颂词也没有掩饰下议院议员对这二人的不满。

未来的前景也不容乐观。国王驾崩后，王位传给了黑太子的儿子波尔多的理查，即理查二世。此时新国王年仅九岁，他在童年时期对祖父的辉煌和父亲的成就一无所知，只是见证了他们软弱和衰败的最后时光。理查二世周围簇拥着王室的剩余成员，为首的是他的叔父，年轻的白金汉伯爵伍德斯托克的托马斯、剑桥伯爵兰利的埃德蒙和兰开斯特公爵冈特的约翰。

冈特的约翰在父亲和长兄患病期间执掌朝纲，这种吃力不讨好的工作让他四面树敌。他性格暴躁，在军事方面的才干只能算二流。从1377年开始，冈特的约翰尽一切努力维持军事上的局面，但对法战争正陷入一场极为不利的僵局。此时在英格兰东南部，英军的士气下降到了过去一个世纪以来的最低点。士兵长期领不到军饷，很多人开小差。南部海岸的城镇里挤满了逃兵。而且，英格兰的敌人越来越肆无忌惮地袭击英格兰沿海，法兰西和西班牙海盗组成的劫掠队伍在英吉利海峡如入无人之境，不时登陆袭扰，恫吓英格兰人。忧心忡忡的伦敦市民甚至曾计划在泰晤士河上设置巨大的铁链以阻止敌人的劫掠队伍火攻伦敦城。自1216年约翰国王统治末期的黑暗日子以来，英格兰还不曾受到外敌入侵的威胁，而如今这种威胁突然显得无比真切。

下议院议员认为政府昏庸无能，所以不肯缴纳政府定期摊派的苛捐杂税，并酝酿了一个计划。爱德华三世在位时期的最后一届议会于1377年1月和2月在威斯敏斯特举行，这届议会拒绝承担筹措军费以保卫王国的重担，转而提议征收人头税，要求十四岁以上的国民不分男女，每人缴纳4便士。这个提议极具冲击性，因为英格兰此前从来没有过向全民普遍征税的先例，而4便士相当于普通农业劳工按照《劳工法》规定的薪金标准劳动三天所得的收入。但下议院议员认为这样的人头税合情合理。自1340年代以来，他们就目睹下层阶级提出令人无法接受的薪金要求并因而致富，所以现在他们有一个绝佳的办法，既能遏制这种令人忧心的趋势，也能筹措到军费以保卫王国。于是议会通过了征收人头税的法案。

　　在议会批准征收人头税的四个月后，爱德华三世驾崩。但一切迹象表明，他的九岁孙子的统治仍然会陷入动荡。理查二世于1377年7月加冕，此时全国局势已经因人头税风波而大为动摇。政府在征收第一批人头税时遭到了民众的普遍抵触，而征收上去的税金也很快在战争中挥霍得一干二净。政府仍处于濒临破产的状态，为了维持运作不得不高度依赖伦敦市民提供的大规模借贷，甚至不得不典当王室财宝。英格兰与法兰西的和谈于6月破裂，英格兰南部海岸在8月遭到袭击。英格兰的军事策略相当粗疏，其主要战术是所谓的"骑行远征"（chevauchée），这个术语听起来颇为豪壮，其实就是一边行军一边对平民烧杀奸淫和抢劫。与此同时，法兰西人在英格兰南部海岸"掳掠并多处纵火"，占领了怀特岛并索要1000马克①赎金。"然后他们返回海上，沿着英格兰海岸线航行，直到米迦

---

①　在英格兰历史上，马克（mark）只是财务计算时用的货币单位，从来没有实际发行和流通过。马克起初是流行于西欧的重量单位，专用于度量金银，1马克最初相当于8盎司（249克），但在中世纪不断浮动。据说是丹麦人把马克这个单位带到了英格兰。根据19世纪的资料，作为货币单位，起初1马克细分为100便士，但在1066年诺曼人征服英格兰之后，改成1马克分为160便士，1马克相当于2/3镑或约250克白银。

勒节［9 月 29 日］。他们烧毁了很多地方，尤其在南部地区见人就杀……他们掳走牲口和其他物资，还抓了一些俘虏"。[9]

理查二世在位时期的前两届议会充斥着抱怨之声。政府大臣们连哄带骗地向下议院讨要金钱，但总的来说没有成功。每当政府财政陷于停摆，外敌入侵的威胁就显得愈发紧迫。到1379 年春季，危机感已经十分严重。或许是出于绝望，议会同意征收一种形式极端的新人头税。这次征税不是向每人征收固定数额的税金，而是基于一种根据不同阶级精心设计的累进税制。每位伯爵须缴纳 4 英镑，"每位男爵以及开支相当于男爵的方旗骑士①或普通骑士"缴纳 40 先令，法官和最富有的律师每人缴纳 100 先令（5 英镑）。普通人每人缴纳 4 便士，但这一税目名下一共有 50 个等级和另外 18 个细分等级。这笔人头税在本质上比 1377 年那种不管出身和财务状况每人缴纳相同金额的人头税公平得多，但这还不够。

在第二批人头税的征收得到批准的八个月后，议会再次召开。政府之前期望至少能征收到 5 万英镑，这是维持军队运转所需的下限。英格兰军队的很大一部分由雇佣兵组成，他们因为领不到军饷已经烧杀抢掠整整一年了。但因为民众普遍设法逃避第二批人头税，政府最终只收到不足 22000 英镑。1380年 1 月的议会放弃了第二批人头税的项目，改为批准对动产征收一笔重税。但这仍然不够，白金汉伯爵在法兰西北部的骑行

---

① 方旗骑士（Knight Banneret）是中世纪的一种骑士。他们在战争中可以在自己的旗帜下率领部队，而比他们级别更低的骑士则不得不打着别人的旗号来率领部队。方旗骑士的旗帜是方形的，以区别于更低级的骑士们的三角旗。方旗骑士高于下级骑士（Knight Bachelor），而低于男爵。虽然大多数方旗骑士都出身贵族，但这个头衔通常不是贵族头衔，也不是世袭的。

远征行动很快就把这笔钱也消耗掉了。

形势已刻不容缓：国家财政破产；十三岁的国王年纪尚小，无法解决问题；冈特的约翰以摄政王的身份理政，但广大民众尤其是伦敦的富商普遍认为他是个傲慢而愚蠢的混蛋。农村的气氛高度紧张，民间风传有人在阴谋起事；南部海岸遭到敌人纵火；在法兰西的英军处于哗变的边缘；大批士兵离队逃跑；苏格兰人正在计划入侵英格兰；国内局势越来越糟。现在需要一个激进的解决方案，或者至少需要一大笔现金来挽救王室、避免灾祸。

于是，1380 年 11 月，议会再度召开。

第一部

一　议会

上下两院议员同意，为了满足上述需求，国内每位年满十五岁的在俗民众，无论有无公民权、无论是男是女抑或何种身份地位，均应缴纳三格罗特。

——议会档案

北安普敦，1380 年 11 月

瓢泼大雨敲打着北安普敦厚厚的城墙，冰冷的石块被雨水冲刷得十分光滑。这个繁忙小镇的狭窄街道通常熙熙攘攘，但在 1380 年 11 月初这个灰蒙蒙的星期四上午，湿漉漉的北安普敦显得清冷而寂静。

在城镇西北角圣安德鲁修道院隔壁的一个小房间里，坎特伯雷大主教使个眼色，他的部下便开始宣读一份冗长但耳熟能详的文本，朗读声盖过了室外的雨声。这份文本就是《大宪章》，即"英格兰自由大宪章"。热气腾腾的室内回荡着朗读声，聚集于此的一群贵族、主教和绅士浑身淋湿，聆听着他们拥有并行使的权利、义务与责任。这些人组成了英格兰的精英法庭和政府议事会。

这是本届议会的第一天。也可以说是第二个第一天。议会原定于星期一召开，因天气恶劣不得不推迟三天，但到会的人依然不多。议会的出席率素来不高，但即便参照近来的标准，这一天参会的人也太少了。北安普敦位于英格兰的心脏地带，所有肩负参加议会责任的人理应很容易抵达这里。但这年秋季的阴雨和风暴天气连绵不断，使道路化为泥泞难行的沟渠。长途旅行总是很麻烦，而随着猛涨的河水淹没了英格兰繁忙的商业通衢，旅行的危险性大大增加。

为了参加王国在短短四年内召开的第五届议会，教士、在俗民众、贵族及其仆人都顶着风雨艰难赶来。王室的需求十分急迫而严苛，以至于十三岁的幼主理查二世也不得不冒着倾盆大雨，来到议会会场几英里外的莫尔顿庄园。在内廷侍臣、教师和玩伴的簇拥下，他将在那里暂住好几个月。理查在陌生的环境里主持自己的宫廷，而与此同时，他的一些臣民正代表他的利益，致力于应对迫在眉睫的全国性危机。

王室和国家面临的威胁既显而易见又紧迫。在过去一个世纪的大部分时间里，英法之间的和平始终处于摇摇欲坠的状态，如今两国彻底决裂，法兰西人看到英格兰政府高层出现了权力真空，知道自己占了上风。诸多外敌对英格兰幼主的政府嗤之以鼻，不相信它有能力用公平合理的方式为英法战争带来终结。法兰西和西班牙舰队在英吉利海峡兴风作浪；苏格兰人在袭击英格兰北部边境；爱尔兰人蠢蠢欲动；在欧洲大陆的英军手头拮据；英格兰全国转入防御态势，在过去三年半里一直提防着敌人从海陆两路入侵。南部海岸和整个英格兰南部始终处于危险之中，就连距离海岸线数百英里之外的牛津也在为最糟糕的局面做准备，紧张兮兮地考虑重整本城严重失修的防御工事。

本届议会的召开就足以说明危机的严重性。这年1月在同样电闪雷鸣的威斯敏斯特批准的动产税对民众来说十分严苛，下议院议员认为贵族在财政领域昏庸无能，对他们发出了严正抗议。下议院议员与王室最后达成的协议是，国王这一次可以征税，但之后必须等至少十八个月才可以再次向议会要钱。[1]
但1月批准的税目完全不足以满足政府的需求。威斯敏斯特议
会结束仅仅几个月后，政府又颇为难堪地向全国发出召集令，
要在北安普敦召开新一届议会，现在下议院议员普遍反对让铺
张浪费的恶性循环继续下去。

参加了1月议会的那些最精英、最令人生畏的贵族领主如今
都在打仗，所以北安普敦议会的参与者以下议院议员为主。现在，
终于没有威风凛凛的贵族来对下议院议员施以欺侮与恫吓，迫使
他们乖乖掏钱了。最重要的是，冈特的约翰没有到会。国王这位
顽固霸道、暴躁易怒的叔父是全英最有权势的贵族，欧洲大陆西
半部分的绝大多数人都承认他是欧洲政坛的一股重要力量。冈特
的约翰此时正在北方与苏格兰议和，他要到月底才会回到米德兰①。

但议会不能停下来等他。星期四上午，在圣安德鲁修道院
的饭厅，议员们耐心地等待走过场的宣读结束，然后请坎特伯
雷大主教西蒙·萨德伯里（他担任英格兰大法官②，政府的最

---

① 米德兰（Midlands）即英格兰中部地区，大约相当于撒克逊七国时代的
默西亚王国的范围，在18和19世纪是工业革命的重要地区，最大城市
是伯明翰。

② 大法官（Chancellor）一职最早可上溯至法兰克王国的加洛林王朝，当时有
一名官吏负责掌管王室印玺。在英格兰，此官职至少源于1066年开始的诺
曼征服，或者更早。有部分学者认为，英格兰历史上首任大法官是埃格曼
德斯（Angmendus），并认为他在605年获得委任。其他资料则推断，首位
委任大法官的君主是忏悔者爱德华，据闻在其任内，他首先在文书上以印
玺取代亲笔签名。总而言之，自诺曼征服以后，大法官的官位一直存在。
在中世纪，由于教士是王国中少有的受过教育的人，大法官一职几乎都是
由神职人员担任。大法官曾有不少职责，包括保管国玺、担任首席王室神
父，以及教会和世俗事务上的顾问。因此，大法官渐渐成为政府内最重要
的职位之一。大法官在政府中的地位仅次于首席政法官（Justiciar），不过
首席政法官这个职位现已废除。作为君主的高级官吏，大法官出席重臣会
议。重臣会议后来演化成议会，而大法官就成为了上议院的议长。

高级官员）发表开幕演说。

萨德伯里是出身萨福克郡的神学家，他年事已高，生性缄默且长于思考，承担着这个患难之国的治理重任。他站在诸位议员面前解释道，国王二十五岁的叔父白金汉伯爵虽然缺乏军事经验，却是在法英军的主要将领。此时白金汉伯爵就在法兰西，率领着大批"大贵族、骑士、侍从、弓箭手和王国的其他精锐将士"。[2]

萨德伯里解释说，国王已经将上届议会批准征收的全部资金以及属于国王私产的很大一笔金钱交给白金汉伯爵以充当军费。此外，为了远征苏格兰和保卫有争议的领土加斯科涅，理查二世已经负债累累，为了保卫爱尔兰他还必须向马奇伯爵调配若干款项，所以重臣会议已经将理查二世的绝大部分王室珠宝抵押并大量举债（这些贷款很难偿还），其中有不少借自伦敦城的富商。金雀花王朝的古老遗产和王室光辉的象征物都面临着永久流失的风险。

这还不算最糟糕的。西蒙·萨德伯里继续解释道，原本政府可以从伦敦布匹市场的商人那里轻松获得一大笔可靠的羊毛税，但因为佛兰德发生民变，这笔羊毛税也已化为泡影。政府已经向军队许诺预支六个月军饷并增派人员和马匹；东南海岸也需要立即获得大笔资金用于修缮防御工事，以抵挡法兰西－西班牙舰队的无情袭击；加来、布雷斯特和瑟堡的驻军已经有九个月未领到军饷，士兵们已经在公开谈论脱队逃亡。

西蒙·萨德伯里发出警告：简而言之，政府的开支太大了。根据议会程序，他请求下议院议员向国王提供"建议"，并告诉国王"如何、通过何种手段才能最妥善地满足这些开销，同时尽量减小你们自己的负担"[3]。但他显然不是在礼貌地讨要金钱，甚至也不是在提出简单粗暴的强制要求——走投无路的政府正在哀求一笔急需的巨款，为此不惜付出任何代价。

聆听西蒙·萨德伯里讲话的人当中有约翰·吉尔兹伯勒爵士，他是一名骑士、久经沙场的老将和政治家，多年来处于英法战争的核心。战争改变了他的人生，他也因为战争而发迹。1346年他曾与爱德华王子在克雷西并肩作战，当时吉尔兹伯勒年仅十五岁，王子只比他大一岁。吉尔兹伯勒整个青少年时代的经历在当时的地主和军人阶层当中颇为典型，出自这个阶层的绅士的一生完全卷入了《布雷蒂尼条约》之前的岁月里那些残暴而血腥的战事。和其他很多人一样，吉尔兹伯勒年轻时凭借忠心耿耿的效劳获得了一处庄园。他在埃塞克斯郡缔结了一桩对自己非常有利的婚姻，并与本郡贵族颇有交情。

《布雷蒂尼条约》缔结二十年后的今天，当约翰·吉尔兹伯勒爵士在北安普敦参加议会时，他正在学习使用一种完全不同的武器。约翰爵士现在是议会的议长（他在上一届议会也扮演这个角色），他以这个身份参加政治斗争，负责向贵族和国王表达和阐释下议院议员的所有要求与意见。

西蒙·萨德伯里的开幕演说结束后，吉尔兹伯勒把下议院议员带到一边，进行了开诚布公的讨论。和其他很多人一样，吉尔兹伯勒也感到左右为难。他本人是地方上的骑士，但他也是白金汉伯爵的盟友。多年来，他的个人利益与下议院议员当中的地主们趋同，这一群体最常成为定期税收的课征对象。但他也认识到危机的严重性，明白只有紧急征收一笔数额巨大的税金，才能让战争继续下去。如果直接拒绝王室对资金的请求，这几乎必然会诱使法兰西人在不久之后发动全面入侵，届时议会里的每个人都将遭遇不堪设想的后果，英格兰则有可能陷入自诺曼征服以来不曾有过的巨大动荡。（当初征服者威廉率领的入侵者几乎彻底消灭了原先主宰英格兰的撒克逊贵族地主阶层，将他们的土地占为己有。）

但下议院议员感到自己已无力承担税收的负担，因为他们是受到征税打击最沉重的群体。的确，在上一届议会期间，地主阶层的税负得到了一定程度的减轻，因为王室从伦敦城的富商那里筹集了一些钱款。伦敦城财力雄厚的商人阶层承担了一笔不算特别沉重的财产税，还以王室珠宝为抵押品，向国王贷出了大笔资金。作为交换条件，这些商界大亨和伦敦的主要政治家，如威廉·沃尔沃思和约翰·菲利波特，在负责管理这些流向财政部门的金钱的委员会中占据了重要位置。不幸的是，在随后的几个月里，冈特的约翰粗暴地拒绝履行之前王室与商人之间的协议。所以在本届议会上，吉尔兹伯勒在对风尘仆仆、被雨淋湿衣服的下议院议员讲话的时候心知肚明，既然目前正在执政的是冈特的约翰这样一个特别容易冒犯和激怒潜在盟友的人，本届议会没有办法把上届议会的协议原样重提。

在下议院议员眼中，还有一个阶层简直就是财税的处女地，只有他们目前还没有受到赋税的影响：劳工。

尽管人们早就知道国家财政已濒临崩溃，但在政府向下议院议员揭示究竟需要多少钱才能维持战争时，其数额还是令他们目瞪口呆。骑士和市民议员从住所返回议会所在的饭厅时，已经知道政府会提出非常高昂的经费要求，但他们怎么也想不到西蒙·萨德伯里提出的要求竟那么荒唐：政府需要16万英镑才能维持国家的运转。这是一笔天文数字，于最近一次大规模征税（1379年）所得的八倍。

下议院议员说这完全是"丧心病狂"的要求，根本不可能得到满足。现在轮到贵族议员和王室商量对策了。和下议院议员一样，贵族议员也将目光投向下层阶级。既然贵族们每天都看着自己庄园上的下层阶级日益富裕，并日益认识到自己劳动的经济价值，那么贵族议员的脑子里出现与下议院议员一致的想法也就不足为奇了。贵族议员同意，这一次征税可以将支付军费所需的税负分摊开。如果下议院议员不肯由自己所在的阶级缴纳全部税金，那就再征收一次普遍的人头税。

尽管在之前的四年里已经征收了两次人头税，但1380年11月议会讨论的人头税与之前两次有本质区别。1378年，每一个年满十四周岁的英格兰人都要缴纳1格罗特（4便士），这大概相当于熟练工匠一天的薪水或农业劳工两天的薪水，不算特别沉重的负担。大多数家庭缴纳的人头税数额谈不上庞大，也肯定不会对纳税人造成严重影响。而且政府对各社区的纳税能力是集体评估的，各社区一般可以自行决定如何分摊税负，这往往也就意味着允许民众在实际纳税时量力而行。

第二笔人头税则从法律上确定了税额根据纳税人收入而累进的原则。从公爵到农夫，每个等级的人缴纳不同金额的税，分类非常详细。

这一次，贵族议员要求征收固定金额的普遍人头税，每人缴纳4或5格罗特（16或20便士）。他们一定明白，即便英格兰部分地区的下层阶级在近些年已经相对富裕起来，这样的税额也高得吓人。之前的两笔人头税颇具创新性，虽然征收面广但对纳税人的要求不高，但这第三笔人头税则过于沉重、粗暴，而且明目张胆地将军费负担从地主阶层转嫁到下层。不论这笔税负在社区层面如何分摊，这样的重税必然会毁掉很多贫弱的家庭。这样的人头税公然违背了基督教的慈善理念。尽管贵族议员提议强迫富人帮助穷人交税，从而让此次人头税显得公平一些，但这样的税制本身便毫无公平可言。

下议院议员坚决反对。他们认为贵族议员提议的每人5格罗特的要求是不可接受的，而且16万英镑的总额实在太高。他们可能意识到如果自己被任命为税吏，一定会在地方上遭到激烈的抵制。尽管英格兰东南部的平民相对富裕，但要求他们为家里的每个成年人缴纳相当于一周薪金的人头税，必然会招致抵抗；如果要去乡下从农民的口袋里掏钱，征收者必须得有个分寸。

贵族议员与下议院议员的谈判陷入了僵局。下议院议员回到自己的房间，为了寻找最好的办法争论数日。局势无疑十分严峻且紧迫，而吉尔兹伯勒这样的人和贵族有私交，如果吉尔兹伯勒等人不能给贵族提供令其满意的方案，必然会遭到贵族的打击。另一方面，王室和贵族议员的要求荒诞不经，是在向全国强加一份令人无法承受的负担。

最终，贵族议员与下议院议员达成了妥协。

下议院议员同意批准征税10万英镑，其中三分之一由教士支付。议会的想法是，教士肯定不会乐意，但他们能负担得起这笔开支，而且他们筹集起税金来肯定比乡村的在俗民众更容易。另外，下议院议员肯定知道这种解决方案会得到王室的支持，因为冈特的约翰和白金汉伯爵都比较同情激进的神学家约翰·威克里夫①，而威克里夫多年来一直在怒斥英格兰教会的财富与腐败。如果是为了国防，冈特的约翰和白金汉伯爵不会介意让教会出点血。参加议会的主教和修道院长勃然大怒，抗议说议会没有权力从教会手中勒索金钱。但议会对他们的抱怨不予理睬。

此次税赋的主要负担将落在劳工阶层肩上，而他们根本没有机会在议会表达自己的意见。大部分军费开销将由他们承担，而且他们负担的比重比过去大得多。

到 12 月初，新一批人头税的具体形式已经全面出台并正式敲定。税金总额的三分之二将立即向平民收缴，另外三分之一计划在夏季之前收缴完毕。这一税制还在同时着手准备向教士征税，其数额与对平民的课税相同。

如果一切按计划顺利进行，每一位征税专员都恪尽职守，那么到 1381 年 6 月，英格兰就应当能再次安享太平。下一届议会（可能在一年之后）将会重新在伦敦召开，那时如果运气好的话，与会者将不会受到暴雨的困扰。通过直接榨取英格兰下层阶级的财富，一笔丰厚的新财政收入将确立起来。

形势似乎一片大好。

---

① 约翰·威克里夫（约 1320 年代~1384）是英格兰哲学家、神学家、《圣经》翻译者、改革家和牛津大学教授。他对当时的罗马天主教会的腐败提出严厉的批评，主张"预定论"，相信《圣经》（而不是教会组织）是宗教的唯一权威，反对修道运动，所以常被认为是宗教改革的先驱之一。他的追随者被称为"罗拉德派"。他将《圣经》的一部分从拉丁文翻译成英文。1381 年的农民起义受到他的思想的很大影响，不过他本人不认同农民军。他死后被天主教会宣布为异端分子，遗骸被掘出并焚毁。

二 兰开斯特

> 此次危机期间，下议院议员将爱好和平的兰开斯特公爵视为头号敌人，对他恨之入骨，若是抓住了他，一定会立刻取他的性命……
>
> ——亨利·奈顿

在北安普敦议会期间参加讨价还价的很多人一定会意识到，本届议会之所以不能在通常的地点威斯敏斯特召开，而是来到北安普敦这个奇怪的场所，只能归因于一个人，那就是兰开斯特公爵冈特的约翰。因为他与伦敦城及其市民之间的矛盾漫长而尖锐，议会才不得不换个地方。

多年来，兰开斯特公爵和伦敦城的关系难称融洽。普通市民认为他是一个暴君，而掌控伦敦城政治与贸易的富商们认为他是一个危险的敌人，会损害他们的影响力。商人们不喜欢冈特的约翰，并对他在伦敦城事务上的公然干涉颇为不满。在政府的绝大影响力，也让约翰特别容易成为众矢之的：英军在欧洲大陆上屡战屡败的表现令欧洲大陆与英格兰沿海地带之间的海上贸易路线受到威胁，尽管这两大问题不完全是他的责任，却都被归咎于他。憎恨兰开斯特公爵的不只是伦敦城的商人，普通民众也对他抱有猜忌和轻蔑，抓住一切机会抵制他。而冈特的约翰生性倨傲，缺乏能让他赢得民众好感的亲和力，且对商业寡头与国王之间的亲密关系颇为恼火，鄙视国王在财政方面对这些寡头的依赖。

在爱德华三世晚年患病期间和驾崩之后，以及理查二世的幼年时期，冈特的约翰与伦敦市民的关系跌到了谷底。他在伦敦城内没有稳固的势力，却偏偏要干预伦敦城的政治。冈特的约翰在处理国际政治时手腕颇为圆滑，也富有魅力，但在处理内政时却抓住一切机会恃强凌弱，结果令伦敦城的治理经历了一连串灾难性的动荡，导致城内在 1381 年夏季之前便已发生了一系列暴乱和民变。辉煌壮丽的萨伏依宫矗立于伦敦郊区一片富庶的沿河地带，如今却成了敌视冈特的约翰的市民与城市暴民发泄心中不满的对象。

伦敦发生这么多摩擦的一个主要原因在于冈特的约翰对约翰·威克里夫的公开支持。在很多人眼里，这位直言不讳的教会改革倡导者是危险的异端分子。1377 年 2 月，威克里夫因异端罪在圣保罗大教堂受审，冈特的约翰干预审判，结果在伦敦城引发了暴乱。伦敦城随处可见教堂尖塔，在方圆一平方英里的城区内有九十九座教堂，而伦敦主教威廉·考特尼是个极具影响力的人，此时他正负责主持对威克里夫的审判。冈特的约翰来到圣保罗大教堂支持自己的门客威克里夫。广大平民对此案兴趣盎然，支持和反对威克里夫的人大致各占一半，但平民全都对兰开斯特公爵充满猜疑，原因之一是大家普遍相信他在考虑任命一位王室官员来治理伦敦，以取代之前由民众选举产生的市长。

圣保罗大教堂内人山人海，群情焦躁不安，结果庭审很快演变成公爵与主教的互相辱骂，他们为了"宣读罪状时威克里夫应当起立还是坐下"这样细枝末节的问题都可以吵得不可开交。冈特的约翰威胁要揪住怒气冲冲的主教的头发，把他从大教堂一直拖到温莎。局面变得不可收拾。

冈特的约翰的傲慢激起了伦敦市民的莫大愤慨，暴力冲突迅速在庭审现场爆发。愤怒的暴民在抗议一整天之后蜂拥通过卢德门出城，咆哮着要杀掉冈特的约翰。他们沿着舰队街和河岸街行进两英里，前去袭击萨伏依宫。冈特的约翰明智地在暴民冲到家门口之前离开，逃往泰晤士河下游。于是伦敦人志得意满地把冈特的约翰的纹章颠倒过来——这一做法相当于宣称纹章持有者是叛徒。最后还是受辱的考特尼主教出面令伦敦恢复秩序。

冈特的约翰就这样得罪了伦敦的教士群体，刺激了普通市民，还让在威克里夫问题上针锋相对的两群人联合起来反对自己。在第二年里，他又卷入了一场更为严重的风波，让伦敦城的民心和稳定再度遭到沉重打击。此次冲突的规模也很大：引发不少争议的骑士拉尔夫·费勒斯爵士在威斯敏斯特教堂举行弥撒期间闯入教堂，不但侵犯了教堂的神圣性，还谋杀了教堂司事，拥有士绅身份的罗伯特·霍利。（霍利之前从伦敦塔逃出之后就躲在威斯敏斯特教堂。）人们相信费勒斯与冈特的约翰有联系，或者干脆就是奉公爵之名杀人的。虽然事实根本不是这样，且冈特的约翰当时正在布列塔尼，但他在回国后横加干预，竟然为费勒斯极端恶劣的行为辩护。为了行使自己的权威，冈特的约翰又一次激起了伦敦市民的怒火。

市民再次提出抗议，但冈特的约翰继续滥加干预。在他的纵容之下，1378年在格洛斯特召开的议会通过了一些法令，剥夺水产商人（他们是伦敦商界最主要的群体之一）的贸易垄断权和在王国政府中的职能。水产商人中最富裕也最有权势的威廉·沃尔沃思原本担任军费主管，现在他被免职；伦敦城最显赫的杂货商约翰·菲利波特曾积极支持王室用兵，不仅贷款给王室，还自掏腰包组织了一支私人舰队来保护沿海地带免受苏格兰海盗侵袭，如今他也被撤职。白金汉伯爵还发表了言辞激烈的演说，攻击伦敦的另一位巨商尼古拉斯·布雷姆布利（沃尔沃思和菲利波特的亲密盟友）。

1379年夏季，伦敦城中开始出现一种迫害妄想情绪。有流言说冈特的约翰正在领导一起阴谋，企图更加凶狠地打击统治伦敦的精英集团。据说热那亚驻英格兰大使雅努斯·因佩里亚莱正在与王室谈判，不仅要为热那亚获得有利的贸易条件，还要把英格兰的主要贸易场所从伦敦搬走。很多人猜测南安普敦将被确立为英格兰新的贸易中心，冈特的约翰和热那亚人即将达成协议，要彻底打垮伦敦的商人寡头。8月，伦敦商人阶层发起反击：因佩里亚莱在位于圣尼古拉艾康街的寓所门口被人残忍地刺死。伦敦本地人的商贸行会挑选了两个小流氓约翰·柯克比和约翰·艾尔戈向大使的仆人挑衅，在争吵中柯克比在倒霉的大使头部刺了两刀，将他杀害。用后来验尸官的话说，"刀伤深七英寸，深入大脑"。[1]

这不仅仅是一次警告。因佩里亚莱是热那亚驻英格兰王国宫廷的大使，得到英格兰王室的保护，拥有安全通行权，且显然颇有人脉。杀害因佩里亚莱构成了不敬罪（Lèse-majesté）——这一重罪专指对君主权威的侵犯。冈特的约翰和政府极力试图把此案阐释为比谋杀更严重的谋逆行为，而伦敦城商人集团则向每一个奉命调查此案的陪审团施加压力，让他们拒绝作出裁决，抵制法官给凶手定罪的要求，并想方设法阻挠此案的审理。

此案将在北安普敦的一次盛大审判中得到最终的裁决。获胜的一方将会收获丰厚的果实。

于是，1380 年 11 月初，冈特的约翰南下赶往北安普敦。10 月末和 11 月的第一周，他在英格兰与苏格兰之间清冷的边境地带代表他的侄子（英格兰国王）与苏格兰贵族代表团商谈和平条件。随着铅灰色的天空降下倾盆大雨，他骑马返回英格兰。

他有理由为自己的成就感到自豪。重臣会议于 10 月末派遣冈特的约翰以心腹廷臣的身份前往北方，压制当地若干琐碎的纠纷，防止其演变成严重的暴力冲突。麻烦的起因主要是一群以赫尔和纽卡斯尔为基地的英格兰海盗，俘虏了一艘苏格兰船只。北海上的海盗行径司空见惯，但这一次，损失了一艘船的苏格兰人没有忍气吞声，而是立刻越过边境进行报复，他们令英格兰北方各郡陷入恐慌，还洗劫了彭里斯。这种事情不算稀罕，但此次袭击的时机对英格兰来说非常糟糕，这等于为英格兰正在进行的战争开辟了一个新战场，而这是英格兰人不愿意看到的。

冈特的约翰是英格兰最大的地主，领地利益遍及英格兰和威尔士的每个角落。他在诺森伯兰有一座城堡，在德文郡南部有若干庄园；从西到东，从卡马森到东盎格利亚，到处都有他的要塞和地产。保护北方边境对他个人的利益来说很重要；但他也是王室权益的捍卫者，这种品质往往让很多人不公正地指责他对王位有野心，却也让他在国际谈判当中成为非常成功的使节。

冈特的约翰经常讲的一句外交格言是"和平时期捍卫和平，战争时期坚持战争"。[2] 鉴于国家的军费亏空严重，他此次北上就是为了确保英苏之间的和平。重臣会议指示他设法遏制生性好斗的北方贵族诺森伯兰伯爵亨利·珀西，防止珀西将这起纠纷升级为流血冲突。冈特的约翰还统率着一支足够强大的部队，可以在必要时用武力镇压敌人。但他足够理智，明白议和的必要性，更何况他自己的扈从队伍里就有很多苏格兰人。

11月8日，冈特的约翰结束了与苏格兰人的谈判，率领士兵、官员和仆人组成的队伍离开纽卡斯尔。此次会谈旨在促成和平，结果双方达成了在今后十三个月内互不侵犯的协议。冈特的约翰任命了一些官员代表王室保障和平协议的实施，还有效地保护了他自己在诺森伯兰郡、坎伯兰郡和达勒姆郡的若干地产，实现了整体的国内和平。随着北方边境得到了保障，冈特的约翰现在可以将注意力转向南方的事务了。

在北上之前，冈特的约翰把议会税收的问题委派给部下处理，但现在，他急于在议会基本结束之前赶到北安普敦。他来得还算及时，见证了议会的闭幕，并在一个贵族委员会占据了首要位置，该委员会的职责就是审判杀害雅努斯·因佩里亚莱的凶手柯克比和艾尔戈。委员会的其他成员包括阿伦德尔伯爵理查、沃里克伯爵托马斯·比彻姆、国王内廷总管休·西格雷夫、国王内廷大臣威廉·比彻姆和约翰·伯利爵士。11月3日，艾尔戈被带到审判委员会面前录口供。之所以先审他，是因为他是两名凶手中意志较薄弱、较容易受影响的人。要么是因为良心发现，要么是因为国王的狱卒已经说服他认罪，他来到贵族法官面前不是为了自我辩护，而是为了坦白自己的罪行，并把他的密谋同伙牵扯进来。

艾尔戈手足无措，且无疑在坐了一年牢之后受到了严重的创伤，于是只能重复那些冈特的约翰和政府想听的话。他解释了自己和柯克比如何攻击因佩里亚莱的仆人，承认自己故意踩踏大使的脚并参与了械斗，还说因佩里亚莱的致命伤来自柯克比的刀子。在这个节点上，他的认罪有了重大的政治意义。

艾尔戈不仅把自己的主人理查·普雷斯顿扯了进来，还把三位商人寡头也牵扯进了这场阴谋，他们恰恰是最经常给冈特的约翰惹麻烦的那些人：布雷姆布利、沃尔沃思和菲利波特。艾尔戈声称，普雷斯顿和菲利波特希望除掉因佩里亚莱是出于经济原因，因为他们之间有一场尚未解决的诉讼；而沃尔沃思和布雷姆布利的府邸是反热那亚的流言和诽谤特别猖獗的地方。这一指控很严重，因为菲利波特在因佩里亚莱遇害时正担任伦敦市长，并亲自逮捕了柯克比和艾尔戈。沃尔沃思和布雷姆布利没有被直接指控谋逆，但因为艾尔戈的认罪提及他们的名字，他们也脱不了干系，而且他们现在知道自己受到了严密监视。虽然还没有遭到直接的打击，但沃尔沃恩和布雷姆布利参与伦敦市政的能力受到了公开的限制，与谋逆案的牵连将成为他们毕生的污点。

艾尔戈履行了自己的使命，被押回监狱，在那里一直待到1384 年。柯克比于次日被带上法庭面临指控，他被判犯有谋逆罪，并被处以死刑。但因为审判明显不公，而且艾尔戈的认罪明显是受政治压力驱动的，政府害怕激起民愤，不敢在伦敦处决柯克比。于是，柯克比被带到具有中立性的北安普敦执行绞刑，然后被开膛、肢解。冈特的约翰就这样打败了伦敦商人，自觉心满意足。对政府而言，此案的圆满结束也是锦上添花：在北方与苏格兰缔结了和约，政府得到了政治加分，现在又伸张了正义；征税得到了议会批准，桀骜不驯的伦敦商人集团也遭到了公开的羞辱和打击。

但政府在北安普敦获得的短期利益为将来的难题埋下了伏笔。不公平的税负主要由相对贫困的农村社区承担，而批准这笔税赋的恰恰是以昏庸无能著称的政府和急于将财政负担转嫁给农民的地主阶级。沿海地区经常受到敌人骚扰，贸易遭到严重的扰乱，而唯一的解决办法就是投入更多资金。

上述的很多问题在伦敦体现得最为明显，而伦敦城的稳定又一次受到了来自冈特的约翰的负面影响。他决心将自己的个人权威强加于伦敦，于是打压了一批拥有治理经验和私人武装，还有能力在必要时用财富为君主纾难的人。在全国性危机面前，约翰非但不支持这些人，还削弱他们的力量，让他们在伦敦城的政敌可以肆无忌惮地发起攻击。市长约翰·菲利波特的地位原本就受冈特的约翰让王室直接治理伦敦的图谋威胁，现在他又受到了谋逆罪的牵连。另外几位有影响力的市民，包括沃尔沃思和布雷姆布利也被卷入罪案。这令伦敦城的政局愈发分裂，尤以下层市民对商人寡头的反对最为严重。下层市民认为这些寡头拥有的影响力之大已堪称跋扈，这让伦敦普通市民越发感到不安，同时也让他们更加敌视冈特的约翰。

上述的所有因素都将在次年夏天产生严重后果。但在本届议会闭幕，达官贵人纷纷离开北安普敦之时，还没有人能预料到未来的动乱。现在权贵们需要做的似乎只是收拾行装、返回威斯敏斯特，启动收缴人头税的艰难工作。

三　征税

> 因为诸位贵族和平民议员认为这些税金的收缴不符规
> 矩或者有贪污现象……重臣会议指派了若干委员会去各城
> 镇调查征税的情况……而这些调查员严重激怒了民众……
>
> ——亨利·奈顿

埃塞克斯郡，1381 年 5 月

埃塞克斯郡境内连通伦敦与科尔切斯特的商路十分繁忙，富庶的集市城镇布伦特伍德是这条商路上为人熟知的一站。布伦特伍德原名"烧焦树林"（Burnt Wood），是座相对年轻的城镇，由奥西丝修道院的教士于 1170 年代在埃塞克斯郡的茂密树林当中开辟出来。埃塞克斯郡的经济颇为多元且繁荣，其主要驱动力来自与佛兰德的羊毛贸易，但当地经济也并非单纯依赖这桩生意。在泰晤士河入海口两岸一连串村庄的支持下，布伦特伍德成为本郡商界的天然枢纽。埃塞克斯郡的经贸活动十分繁忙，这里地理位置优越，交通四通八达，所以郡民肯定对布伦特伍德的街道和那里定期吸引本郡各地的商贩与农民前来聚集的市场颇为熟悉。

5 月 30 日，星期四，布伦特伍德熙熙攘攘，聚集了数百名当地村民。辛克福德百户邑①（包括弗宾、科灵厄姆、斯坦

---

① 百户邑（hundred）是英格兰的一个行政区划单位，在郡之下，在教区之上。

福、马金、霍恩顿、比勒瑞卡、罗莱斯、拉姆斯登、沃利、金吉、戈尔德汉格尔、英盖特斯通等村庄和其他一些较偏远的地方）及其周边地区最有地位的一些要人被召集到布伦特伍德参加治安会议，会议由郡里的法官主持，其中为首的是约翰·吉尔兹伯勒爵士。本地有头有脸的人物在裁决地位比他们低的人，身份等级不同的村民在镇上摩肩接踵，心情紧张地期待着什么。

　　表面上看，这是中世纪生活中一年一度的仪式的一部分，大家对其早已耳熟能详。在英格兰，5月底和6月初是处理事务和享乐的时节。这是民间宗教节庆的时期，圣灵降临节、圣三一节和基督圣体节接连到来，大小村镇都要举办集市、节庆、庆典、游行和"夏季娱乐"。这是一种带有恶作剧性质的社会仪式，人们可以在一定限度内打乱常规的秩序。在狂欢期间劳工可以扮演贵族，而贵族则尽量与民同乐，轻松愉快地忍受这一切。但这一年的态势较为紧张，因为5月早些时候刮起了大风暴，这让下层阶级激动和骚动起来，空气中飘荡着令人不安的凶险气氛。

　　即将到来的周末就是圣灵降临节，这也是政府处理诸多事务的时间。威斯敏斯特的中央法庭正在休假，法官照例访问各郡，巡回司法。庄园法庭，即本地地主主持的私人法庭，也在这期间开庭，并接受自己辖区内全体成年男性的宣誓。成年男子宣誓维持自己所在十户区（由大约十户人家组成的行政单位）的治安，并将不端行为报告给法庭。总而言之，这是个忙碌的时节，男男女女在本地聚集、交流和旅行。所以这也是动员大批人员的绝佳时机。

　　从1380年圣诞节到1381年圣灵降临节，埃塞克斯郡和英格兰的其他各郡对王室专员的身影已经见怪不怪。几乎与北安普敦议会批准征税同时，政府就在全国范围任命了大批税吏，负责接收各处社区缴纳的税款。

政府对于此次征税的要求严苛得出奇。政府索要的巨款的用途不是一项军事任务，而是两项，北安普敦议会对此一无所知。其中第一项任务是维持白金汉伯爵在法兰西的战线；第二项任务则是组建一支全新的军队，开往葡萄牙作战。冈特的约翰对卡斯蒂利亚的领土怀有野心，在他的坚持下，政府将在5月建立一支舰队，由他的弟弟剑桥伯爵兰利的埃德蒙指挥。

面对如此繁重的征税任务，一位新的财政大臣于1381年2月1日衔命就任：罗伯特·黑尔斯爵士。他是耶路撒冷圣约翰医院骑士团的英格兰分团长，在埃塞克斯郡和赫特福德郡拥有好几处富饶的庄园。

整个2月，黑尔斯对到账的税金进行了审计。结果很不理想，他发现逃税现象比比皆是。埃塞克斯郡在1377年申报的纳税人口将近48000人，而这次征税时该郡申报的纳税人口只有30748人。全国各地上报的数字也有类似的缩水迹象。如果征收上来的金额反映了真实情况，那么整个东南部的总人口在过去两年里下降了20%至50%。在黑死病爆发的世纪，如此规模的人口下降是存在的，但近几年并没有发生严重的瘟疫，所以很显然，那些宣称本地人口下降以压低应缴纳的人头税金额的村镇正在明目张胆地欺骗政府。

逃税的主要办法是不计入未婚女性。寡妇、姐妹和女儿对社区来说是需要供养的负担，而且她们不能通过劳动来弥补这一消耗，所以不把她们算入纳税人口是合理的，尤其是如果之前没有把她们算入的话，现在把她们计入纳税人口反而显得很不公平。

到 3 月中旬，政府的耐心耗尽了。重臣会议成员大发雷霆，怪罪税吏和地方要人腐败且撒谎。政府的对策是派遣若干王室调查委员会深入乡村，查明真相。很快就有流言说，这些调查委员会将由王室内廷成员和侍卫长约翰·莱格领导。

调查委员会的任务是"调查和审核"税负评估原件的抄本，并将其与"每个村镇的地方官和执行吏的宣誓证词"对比，从而查明之前未申报的纳税人的真实人数。委员会奉命收齐之前瞒报的金额，并将其收入国库。世俗人等交齐全部66666 英镑税金的最后期限被从 6 月 2 日提前到 4 月 21 日。

于是，像埃塞克斯这样的郡和布伦特伍德这样的城镇受到了调查，当地的正常生活因此再一次遭到了政府的粗暴干预。调查委员会也很快因为手段恶劣而臭名远扬。他们接到的正式指示包括"扣押和逮捕所有反对或违抗上述要求的人"，并把这些人"投入监狱……直到我们确定对他们的处罚"。因为调查委员会需要武力，所以每个委员会在出巡时都有两名王室侍卫长陪同。侍卫长（比如莱格）实质上是为王室效力的打手，是国王卫队的成员。莱格这样的人武装到牙齿，用强悍的武力和王室内廷成员的官威来恫吓别人，他们往往单凭自己魁梧的身材就足以震慑小民。

民愤迅速扩散。关于调查委员会行为乖张和践踏民众尊严的流言四处传播。据说在一个村庄里（叛乱之后出现了一种说法，说这个村庄就是埃塞克斯郡沿河的弗宾，距离布伦特伍德不远），一名调查委员会成员"下流地掀起年轻姑娘的裙子，检查她们是否还是处女"，[1] 如果她们不是处女，就要缴纳人头税。任何体面的父母都不会允许自己的女儿接受这样的检查。"很多人宁愿交钱，也不肯让自己的女儿受到如此耻辱的触碰。"[2]

也许是因为调查委员对平民显而易见的粗暴态度，还有一种传闻说政府把人头税调查委员的职位当作商品兜售，允许宫廷宠臣购买执照去收税，然后宠臣就可以把超出政府所需数目的税金作为利润攫为己有。不管这些传闻是真是假，税收委员会的某些狂热分子向东南部村民表现出的咄咄逼人和轻蔑态度都激怒了民众。编年史家亨利·奈顿概括说，政府在"向人民强加一种新的、几乎不堪忍受的负担，而且这负担似乎没有止境，也没有办法得到弥补"。为了抗议这些恶行，该地区的人民开始构思抵抗的计划。

抵抗的计划在埃塞克斯郡已经酝酿一段时间了。政府在干预各郡事务的时候总会让当地士绅地主阶层中的熟面孔充当代表。在埃塞克斯郡，最显赫的三位士绅是约翰·吉尔兹伯勒爵士、约翰·德·班普顿爵士（曾任郡长和王室总管）和约翰·希维尔爵士（现任埃塞克斯郡的郡长）。自爱德华三世晚年以来，这三位都积极地在郡里为国王的事务奔走折冲。班普顿在这三个人中尤为臭名昭著。1377 年，他奉命招募和训练弓箭手与披甲战士抵抗外敌入侵，并负责在法兰西人登陆时在该郡各地点燃烽火。次年，他被任命为治安法官。1381 年 3 月，吉尔兹伯勒和希维尔参加了调查第三笔人头税缴纳金额太少一事的委员会。现在，班普顿和吉尔兹伯勒重新成为治安委员会的领导者。虽然这在司法体制下是常规事件，但对布伦特伍德的大部分人来说，他们名义上的职能是什么并不重要。所谓的治安委员会只不过是另一个王室调查委员会，其使命就是用更具惩罚性的方式侵犯埃塞克斯人的生活。四处流传着关于抵抗的窃窃私语。

5月30日到布伦特伍德镇上参加治安会议的人是各村的代表。其中一些人在本地颇有威望，可以说代表了与他们一同生活并劳作的广大民众的利益和观念。村民们纷纷表达了自己的不满，起因包括政府持续征收苛捐杂税，司法机关对民众生活的干扰，司法体制中公正性的缺乏，以及一些人打着年轻国王的旗号推行的不当政策。这原本就是一个狂欢宣泄的时节，再加上暴风雨带来的不祥预感，人们心中的种种不满情绪统统彰显出来。民众决心发起暴乱，并对吉尔兹伯勒、班普顿与希维尔之流加以抵抗。

这天的治安会议期间，班普顿和吉尔兹伯勒把辛克福德百户邑辖下各村的代表传唤到面前。

群情激奋的弗宾村的代表是个叫托马斯·贝克的人。5月30日之前几天，贝克"鼓起勇气，开始告诫村民，与他们结盟。这些人与其他农民联合，然后又通知各自的亲友，所以他们的讯息传遍乡野"。[3]

我们不知道班普顿传唤贝克是为了什么，但后来有人估计这与之前的人头税调查有关。我们掌握的主要史料记载称，班普顿威风堂堂地端坐着，命令贝克及其伙伴代表弗宾村"勤勉地调查［逃税一事］，给出答复并缴纳税金缺额"。[4]贝克的伙伴们之前肯定在紧张地等待这一刻，现在他们"答道自己不会缴纳分文"。[5]他们说，班普顿本人在短短几个月前才刚刚收到他们的上一笔税款，所以班普顿的委员会现在其实是在找借口征收新税。

农民的放肆之举让班普顿大吃一惊。他迅速报之以威胁，

052 / 血夏: 1381 年英格兰农民起义

提醒农民注意站在他两侧的全副武装的王室侍卫长。但聚集在布伦特伍德的农民很多，而且各村之间很团结，所以弗宾村民可以大胆而为。班普顿的尖刻话语不但没有吓倒弗宾村民，反而让他们和聚集在镇上的其他村的农民更加理直气壮。一百多名怒气冲冲的村民直截了当地告诉班普顿，"他们再也不和他打交道，也绝不会给他钱"。[6] 奈顿后来记载说，农民"很高兴看到这一天终于到了，他们终于可以互相帮助，共同面对如此紧迫的危机"。

农民的抗命不遵惹怒了班普顿，他命令自己的护卫人员逮捕犯上作乱的人。根据从政府那里接到的指示，他逮捕农民的要求是合理的。但从实际情况来看，他这么做太荒唐了。区区两名王室侍卫长或许能对付几个顽固不化的对手，但在成群暴民的面前他们只能束手无策。在场的平民越来越凶狠地逼近，两名王室侍卫长越来越张皇失措，整个委员会的成员都意识到自己面临生命危险。村民的武器虽然粗糙但足以致命，班普顿一行人只得落荒而逃，以免被割断喉管。他们纵马狂奔，沿着大路向西南方逃回伦敦，准备去投奔宫廷。他们狼狈而逃，对他们无比轻蔑的暴民则快速追赶，向他们放出冰雹般的箭雨。

出于挫折感、好斗的习气和满腹的怨恨，怒气冲冲的下层阶级终于开始反抗，他们打击的对象是腐败无能的政府的那些过于狂热和猖獗的走狗。农村叛军消失在城镇周围的森林里。夜色降临，第一批拿起武器的叛军躲在树下，激动得直发抖。在 6 月 1 日太阳升起的时候，大叛乱就开始了。

四 揭竿而起

那些平民听说［约翰·班普顿爵士］对他们满腹恶意，于是躲进森林。他们在那里躲了一段时间，差点饿死；后来他们游走在各处城镇之间，煽动其他人起来反抗大贵族和国内的达官贵人。

——《佚名编年史》(*Anonimalle Chronicle*)

圣灵降临节，1381 年

布伦特伍德事件暴露了所有潜藏的矛盾。之前很多被平民隐藏在心中或窃窃私语里的东西现在尽人皆知。在用弓箭和凶狠的威胁把吉尔兹伯勒和班普顿从镇上赶走之后，愤怒的民众开始认识到自己做的事情非常严重且危险，于是匆匆躲进森林和灌木丛。一群王室官吏被赶走了，但郡里还有更多的官吏。过不了多久他们就会卷土重来，对平民施以凶残的报复和惩罚。

但森林可不是平民能够生活的地方。暮色降临之后，很多叛乱者因为饥饿回到路边和开阔地带上。第二天他们开始冒险返回自己的村庄，向亲戚邻居详细报告究竟发生了什么事。这让泰晤士河河湾沿岸各村普遍下定决心，绝不让已经发生的冲突成为孤立的零星事件，而是要在全郡范围掀起叛乱，以反抗王室司法体制的长期侵犯与压迫，以及贵族领主的横征暴敛。

但普通的英格兰村民该如何发动大规模抗议去反对统治集

团和司法体制呢？他们没有可以参考的蓝本，必须临时想办法发动全郡。《佚名编年史》的作者说，叛乱者开始"奔走于各地，煽动其他人起来反抗大贵族和国内的达官贵人"。因为叛乱的蔓延速度很快，所以煽动起事的人一定是骑马的。这些骑手在一个又一个村庄，宣告一场反抗运动的开始，煽动群众的反叛热情。

第一批叛乱者主要来自巴斯特珀尔百户邑，领袖是托马斯·贝克。关于他造反的个人动机有很多耸人听闻的流言。编年史家听到的一种说法是，他的女儿遭到税吏的骚扰，他造反是为了给女儿报仇。这可能是真的。我们可以确定的是，贝克是个意志坚定且拥有组织才干的人，而且他在埃塞克斯郡、肯特郡、萨福克郡和赫特福德郡都颇有人脉。

很快，贝克和弗宾的名字响彻整个埃塞克斯郡，徒步或骑马的信使把他领导的运动的消息传到周边各地。他们在埃塞克斯郡北部的科尔切斯特附近和南面宽阔的泰晤士河河湾对面的肯特郡都找到了志同道合的伙伴。

在布伦特伍德，贝克与博金村民取得联系。博金村的规模与弗宾差不多，但更偏北，属于辛克福德百户邑管辖。博金村民热情洋溢地把班普顿和吉尔兹伯勒灰溜溜逃跑的消息带回本村，然后也开始到郡里活动，传播公开反叛的消息。埃塞克斯郡的一个又一个村庄开始了行动。

到 6 月 2 日（圣灵降临节，星期日），在埃塞克斯郡似乎已经有数百名男女自愿团结起来，推动已经开始的反叛事业。但他们需要解决一些实际问题。让本郡陷入无政府状态肯定是不行的，他们急需更好的组织和领导。

当博金村民准备庆祝圣灵降临节的时候，村里挤得水泄不通。方圆 10 英里范围内的 8 个村庄派来了代表：博金东南方的科吉舍尔和斯蒂斯泰德；西南方的布伦特里和登莫夫；北方或东北方的埃申、戴德姆、小汉尼和盖斯廷索普。代表们来到博金，肯定明白这个集会地点的象征意义。历史上，博金经常成为下层阶级聚集起来抵抗贵族地主压迫的地点。六十年前，博金村民与坎特伯雷基督堂的修道院长打了一场漫长的官司，试图摆脱一直以来纠缠着博金村民的土地与生活的一些沉重的封建义务。博金拥有反抗贵族领主的悠久历史，因此在 1381 年成为农民集会的地点恰如其分。

此次会议的规模很大。因为没有会议记录流传下来，我们无从得知会议代表说了什么，但根据后来的一份案件卷宗，村民们在这里"起事谋逆，背叛国王陛下"。造反自然是危险的事情，关系着每个人的命运。为了表达大家对共同事业的誓死效忠，所有人都宣誓为了同一个目标而携手奋斗："消灭国王陛下的各种封臣，在英格兰只接受一种法律，那就是平民自己颁布的法律"。埃塞克斯郡叛乱的基础就这样奠定了。

叛乱者很可能在博金确定了哪些人是攻击目标，以及用什么手段招募新兵。在场的人都同意抓捕并处死大臣与官吏，以及他们认为应对政府失政和司法腐败负责的罪人。在他们看来，乡民屡次遭到腐败司法制度的压迫，最近的一次就是人头税调查委员会对平民的欺凌。他们首要的讨伐对象是郡长希维尔，还有那些为政府办事的人，以及在郡里作威作福的领主。同时属于这两个范畴的人注定要遭遇大祸了。

与会者还同意用暴力强制的手段来招兵买马。一位观察者写道，叛军"来到那些不肯与他们一起造反的庄园和城镇，将那里的房屋夷为平地，或者纵火将其烧毁"。[1]据圣奥尔本

斯的编年史家托马斯·沃辛厄姆说，"区区两个村"（弗宾，
另一个可能是博金）的人

> ……火速派人到每个村庄，不管它多么微不足道。他
> 们的目标是让老人和青壮年都加入他们，并拿走能够找得
> 到的所有武器。他们不接受任何借口。不肯入伙的人，或
> 者那些拒绝或不屑于这么做的人的财产会被掳走，房舍会
> 被烧毁或拆毁，他们自己会被处死。

此次叛乱从一开始就被塑造为一场由整个社群发动的叛
乱，所以叛军的心态是"要么支持我们，要么反对我们"。胆
敢反对他们的人不会有好下场。

博金的情况反映了叛乱是如何组织起来的：核心叛乱者通
过宣誓联合起来，由村庄的原有领袖率领，同时与其他叛军紧
密联系，遵照共同的时间表来采取行动。他们会选定若干具有
战略意义的目标，然后协调一致地发动攻击。所以此次反叛不
是自发的、流动性的暴乱，而是一场经过精心策划与组织、充
满暴力与报复的狂欢。

博金的圣灵降临节会议在埃塞克斯郡引发了长达一个月的
叛乱，与此同时，反抗情绪跨越泰晤士河，传播到肯特郡。在
圣灵降临节的周末，肯特郡农民也聚集起来，动员乡间的全部
力量，共同投入这场反抗运动，巴斯特珀尔百户邑和周边地区
的人们与达特福德居民之间开始建立联系。达特福德是泰晤士
河南岸的一个较大的城镇。

肯特郡叛乱早期的主要领袖是埃布尔·克尔。他是埃里思

村的居民，这是达特福德上游不远处的一个小小的码头村庄，位于弗宾以南，通过河上贸易与伦敦有着紧密联系。克尔和托马斯·贝克一样，是当地有头有脸的人物，深得村民的尊敬和爱戴。圣灵降临节这天，他从埃里思和莱斯尼斯（距离埃里思几英里的一个河畔村庄）聚集了一群村民，带领他们去了附近的圣玛利亚与殉道者圣托马斯奥斯定会修道院。

莱斯尼斯的修道院和英格兰的其他许多修道院一样，在本郡和邻郡都拥有大片土地。修道院僧侣经常与佃户发生矛盾，他们经常利用自己的法庭压迫佃户，从后者身上榨取尽可能多的劳役和封建税费。最近几十年来，莱斯尼斯一直管理不善，僧侣的纪律性在1340年代降到最低点，不少僧人逃走当了流浪汉或者叛教，修道院不得不请王室帮忙逮捕迷途的僧侣。在达特福德地区的民众眼里，1381年的修道院长威廉·德·海思堪称无道领主的典型。

当克尔的人马闯进修道院的时候，海思正好在修道院内。叛军冲进来把他扣为人质，强迫他宣誓入伙，这肯定把他吓得魂飞魄散，但总比被愤怒的暴民活活打死要好。

对克尔叛军来说，抓获修道院长是了不起的成就，尽管海思是在强迫之下宣誓加入叛军的（他的誓言也暗示他承认自己有罪），但此事有极大的宣传价值，在一定程度上也将克尔叛军在郡里的活动合法化了。很快，各地叛军都会胁迫社会地位较高的人公开宣布支持他们，这揭示了叛军的心态当中很重要的一点：他们的目标不是彻底推翻或者改变社会，而是自上而下地纠正社会的弊端。

克尔在莱斯尼斯取得成功之后大受鼓舞，于次日（五旬节后日）带领一小队人马（可能是乘坐一队渔船）渡过泰晤士河进入埃塞克斯郡。按照计划，民事诉讼法庭的大法官罗伯特·贝尔纳普爵士领导的巡回法庭将在达特福德开庭审案。贝尔纳普是国内级别最高的两位法官之一。克尔不愿意到他面前解释自己为什么攻击莱斯尼斯修道院，因为那样一来他的抗议运动才热闹一天就得结束了。

于是克尔带领队伍渡河来到弗宾以西约 10 英里处的另一座小村落雷纳姆，在那里召集人手。这一整天里，他的部下召集了埃塞克斯郡南部多个村庄的一百多人，让他们向克尔宣誓效忠。除了普通村民，克尔还有一些具体对象要招募。他特意安排手下去拉现任治安法官威廉·伯兰入伙，此人在 1379 年征收人头税时是负责确定征收税款的官吏之一。克尔的手段很简单粗暴：他强迫普里特尔维尔村的威廉·昌德勒当他的招募代表。普里特尔维尔村是罗奇福德百户邑的一处滨海村庄，位于埃塞克斯郡东部的岛屿上。昌德勒后来声称，自己是在克尔强迫之下前去向伯兰和老约翰·普里特尔维尔告知起事的消息，并到雷纳姆与叛军会合的。我们不知道他们有没有招募到更多人，但到 6 月 4 日（星期二）上午，克尔已经集结了一支规模相当大的队伍，既有埃塞克斯人也有肯特人，他们全都庄严宣誓忠于叛军的事业。其中可能有少数人是为了自保才宣誓的。这支队伍渡河返回肯特郡，准备去对付贝尔纳普。

罗伯特·贝尔纳普爵士不仅是一位高级法官。他曾是一名职业律师，从 1370 年代起深得王室和冈特的约翰的宠信。贝尔纳普的名字在整个英格兰东南部都为人所熟知，但他不是个受人欢迎的人物。对伦敦政治稍有了解的人就会知道，伦敦市民对贝尔纳普极为鄙视。在理查二世的加冕礼期间，伦敦市民在游行队伍经过的一处水管上方树立了他的头像，所有经过的人都能看见他那张滑稽可笑的嘴巴里喷出葡萄酒。

6月4日星期二，贝尔纳普来到达特福德，准备执行圣灵降临节期间巡回法庭的常规公务。班普顿和吉尔兹伯勒被逐出布伦特伍德的那天，贝尔纳普正在距离伦敦不远的斯特拉特福德；他后来按计划去了赫特福德郡的巴尼特，然后去萨瑟克（这两地是通往坎特伯雷的著名朝圣之路的中途歇脚点），可能在途中听到了从埃塞克斯郡和肯特郡传来的关于民变蔓延的焦灼报告。一定有人把他情绪不好的消息事先透露了出去，因为在他即将驾临达特福德（也就是克尔叛军的活动范围）的消息传来之后，乡村居民大为震惊，据说他们因为害怕贝尔纳普，甚至提议放弃家园逃跑。

不过，即便有贝尔纳普这样身居高位的法官亲自坐镇，且民众对法律的惩戒仍心存畏惧，人们对司法体系的愤怒还是占了上风。当法官一行人来到达特福德时，镇上发生暴乱。编年史家回忆道："平民群起反抗［贝尔纳普］，来到他面前，斥责他是背叛国王的奸臣，说他向他们索要更多金钱纯粹是出于恶意……他们扣押了他，强迫他拿着《圣经》起誓再也不会主持这样的审判，再也不会在类似的调查中担任法官"。[2]

编年史家的语调虽然平淡，却掩盖了极大的恐惧：全国地位最尊贵的法官之一如今居然在一群以农具为武器的乌合之众面前吓得举手投降。贝尔纳普和之前的班普顿一样逃之夭夭。

根据编年史的记载，随后发生了让人觉得势不可挡的混乱。布伦特伍德的星星之火以燎原之势迅速向整个英格兰东南部扩散。在6月上旬的十天里，叛乱者的进军步调之一致颇为罕见，他们组织有序，目标明确。叛军先讨伐郡里为中央政府办事的人，最后将矛头指向中央政府本身。在埃塞克斯郡，布伦特伍德和弗宾的叛军继续活动，他们煽动新的村庄起事，组织新的叛军队伍，确保叛乱者步调一致，并传播消息说叛乱将于 6 月 6 日（星期四）正式开始。政府对此似乎束手无策。通常情况下，政府垄断了暴力和对社会的控制，而如今这种垄断被普通劳动者骤然且无情地打破了。叛军的组织有序令人惊叹，但他们也喜欢用残酷而粗糙的手段惩罚自己眼中的敌人。

在这一周里，当肯特郡的几股主要叛军抵达新的村庄时，当地村民第一眼看到的就是三根血腥的标杆。贝尔纳普被从郡里赶走时被迫交代了三名陪审员的姓名，就是这三人向他报告了 5 月 30 日布伦特伍德首次叛乱的肇事者的身份。叛军找到了这三个人，砍掉他们的脑袋并插在长杆上。叛军不论骑马走到哪里都带着这些血淋淋的战利品。死者漆黑、腐烂的面容是一种无声的警告：举兵反叛的时候到了，大家必须尊重叛军的事业。

五　将军与先知

　　大多数肯特人心里早就希望发生这样的事情，现在他们听说发生叛乱，就毫不迟疑地效仿埃塞克斯人的做法，把大群平民和农夫组织起来。没过多久，他们几乎把全郡都煽动起来了。

——托马斯·沃辛厄姆

肯特郡

　　到 6 月 6 日（星期四），整个埃塞克斯郡和肯特郡都举起了反叛大旗。宣告举叛的高声呐喊与教堂里告急的警钟声传遍了一处又一处村落。政府的法治开始瓦解，叛军开始用他们自己的粗暴手段伸张正义。

　　民众集结起事的速度之快令政府大吃一惊。王室在英格兰东南部没有部队可供调遣。最后一支比较强大的军队在 5 月初离开伦敦，北上执行新的任务，指挥官仍然是冈特的约翰。这支军队此时已经到了英苏边境，以防与苏格兰人的最后一轮和谈破裂。

　　既然没有王军前来镇压，而巡回司法委员的权威也日益受到质疑，叛军开始成群结队地在大路上公开活动。他们跨越各郡边界，在众多叛乱地点之间建立联系。伦敦的两名屠夫亚当·艾特威尔和罗杰·哈里更是火上浇油，他们骑马奔走于埃塞克斯郡和伦敦城郊外，告诉正在各村集结的叛军，如果他们到伦敦来，一定会得到市民的支持。

伦敦人也有满腹怨气，不过令他们感到不满的问题与农村叛军不大一样。伦敦城的一些派系认为，煽动和刺激乡村的下层阶级造反可以制造混乱，让他们趁机对付自己的敌人，比如说攻击身在远方的冈特的约翰的资产。

但在考虑进军伦敦之前，叛乱者在本地还有一些目标要对付。6月6日，在埃塞克斯郡北部科尔切斯特附近的科吉舍尔村聚集了一群暴民。希维尔郡长的家就在科吉舍尔。同其他在郡里为王室司法机关办事的代表一样，希维尔的生命危在旦夕。

不知何故，叛乱在埃塞克斯郡蔓延的时候，希维尔却留在家中。6月6日，他躲进自己位于村庄礼拜堂旁边的房屋内，和国库文书罗伯特·德·塞金顿一起避难。一群博金村民来到了科吉舍尔，随后发生了严重的骚乱。包围希维尔家的暴民越来越多，屋内的两人感到越来越绝望。希维尔被叛军的厉声威胁吓到了，他既没有拿起武器抵抗叛军的打算，也不敢离开。他被困在屋内，极度恐慌，而屋外的叛军则恶狠狠地赌咒发誓要向他报复。

在埃塞克斯郡各地，司法和行政系统的其他高官也战栗着躲在家中，等待大难临头。叛军拟定了一份具体的黑名单，上面有希维尔、吉尔兹伯勒和班普顿，以及沃尔特·菲茨沃尔特（曾任英格兰副司厩长①）、托马斯·曼德维尔、威廉·伯兰、杰弗里·德沙姆（一位王室庄园总管）、托马斯·蒂勒尔（主

---

① 司厩长（constable）的官职起源于罗马帝国，最初是管理马匹的官员，后来在中世纪欧洲演变成负责国王的军械保管维护的官员，再后来演变为军队的重要指挥官。

审法官）、罗伯特·贝尔纳普、克莱门特·斯派塞和罗伯特·赖克登。这些人都曾担任治安专员，是本郡的大地主，并曾在郡里行使过司法或行政职能。他们全都成为叛军的目标，叛军计划攻击他们的资产，如有机会还要攻击他们本人。

在河对岸的肯特郡，叛军的政策略有不同。埃布尔·克尔率领他从埃塞克斯郡带来的先遣队和肯特郡的早期叛军驻扎在达特福德。在把贝尔纳普从肯特郡赶走，并煽动群众大肆骚动两天之后，他们开始骑马外出，煽动以达特福德为中心、半径10英里之内的各处村落参与叛乱。6月5日，他们在镇上集结，确定了次日的攻击目标：罗切斯特城堡。

当大队叛军沿着罗马古道（途经梅德韦的若干村庄通往坎特伯雷）涌向罗切斯特时，他们在很远的距离之外就能看见巍然屹立的罗切斯特城堡。这是一座庞大的方形要塞，拥有一座雄伟的主楼，修建于诺曼时代。自12世纪以来这里就是监狱。在13世纪，约翰国王曾攻打这座城堡，在城墙下挖掘坑道然后用猪油纵火，把城堡的一角弄塌了，但到14世纪末，城堡已经得到修缮。它占据着一处战略要地，控制着通往伦敦的道路和梅德韦河。罗切斯特城堡理应是本郡政府的堡垒，几乎不可攻破，因为主楼的外墙厚达12英尺。这是个很难对付的目标，易守难攻，可以轻松地把犯人控制在城堡内，而让城堡外的敌人无计可施。

肯特郡农民或许组织有序，但他们缺乏打一场攻城战的手段。不过，他们的雄心壮志足以弥补军事手段的缺憾。他们向城堡扑去，依赖的是制造恐慌的能力，而不是攻打石制防御工事的本领。

　　城堡周围的各村庄此时已经陷入全然失序的状态，这一定感染了城堡守军或者震慑了他们：他们居然不作抵抗就投降了。暴民打开城堡监狱，释放了里面的犯人。除了解放这群重犯之外，他们还抓到了一个更有价值的俘虏：城堡长官约翰·牛顿爵士。

　　抓获这名贵族人质让叛军的信心大增，于是一队叛军离开罗切斯特，前往梅德斯通。在他们周围和身后，处处都发生了有组织的骚乱。不宣誓效忠于叛军的人就无法使用罗马古道，这导致英格兰东南部的关键交通路线陷入瘫痪，因为这条繁忙的通衢大道从伦敦直达坎特伯雷。那里的大教堂收藏着圣托马斯·贝克特的遗物，这座城镇因此成为全国最有名的朝圣地之一。罗马古道被叛军控制之后，都城和中央政府就陷入了孤立，无法与东南部忠于王室的势力之间保持联络。在罗马古道上通行的人随时可能被叛军拦住并被勒令宣誓，被迫答应在受到召唤后一定加入叛军，并承诺招募尽可能多的邻居加入叛军。路人被强迫发的誓言包括忠于叛军、忠于理查二世国王和忠实的平民、绝不接受名为约翰的人当国王（这表现了叛军对冈特的约翰的憎恨）[1]。

　　在混乱和暴动的背后，叛军似乎拥有一套明确的意识形态表述。他们执迷于对王权的崇拜，但鄙视所有向国王进献谗言、滥用官职与权力中饱私囊并腐蚀政府的奸臣。叛军自视为真正的道德与正义的代言人，相信自己在替天行道、恢复王国的自然秩序。他们确实自命为"忠实的平民"。

　　此外，叛军对自己的目标也颇有了解。梅德斯通的部分地产属于威廉·托普克莱夫，他曾与贝尔纳普一起在达特福德审理案件。托普克莱夫在莫特拥有一座雄伟的宅邸，它象征着他的财富与地位：他既是坎特伯雷大主教手下的总管，也是重要的王室行政官员。叛军与一群情绪激动的梅德斯通市民会合，大肆破坏托普克莱夫的宅邸，将其夷为平地，以表达对托普克莱夫及其阶层的憎恨。

最重要的是，叛军在抵达梅德斯通的时候已经有了两位重要领袖。罗切斯特城堡陷落之后的几个小时里发生的最重要的事情就是约翰·鲍尔和瓦特·泰勒的崛起。

泰勒和鲍尔的性格截然不同，而且都不是肯特郡本地人，不过他们都对叛乱的后续发展发挥了决定性作用。泰勒是埃塞克斯人，可能来自科尔切斯特，之后定居在梅德斯通，似乎对肯特郡很熟悉。他可能是前些年去欧洲大陆作战的某支（乃至多支）英军中的老兵，因为他懂得如何调遣、集结和指挥一群乌合之众，领导他们进行长途行军并发动突袭。在肯特郡叛乱的初期，叛军发布了一道命令，要求居住在离海岸12里格①范围之内的人留在自己的村庄，防备法兰西人可能发动的入侵。这说明叛军此时已经有了一个相当成熟的领导层，而泰勒很可能就是发布这道命令的人。[2]他是一位勇敢且擅长鼓舞人心的将领，很多与他打过交道的人都对他印象深刻。

与叛乱早期的其他首领相比，泰勒肯定鹤立鸡群。在叛军进入梅德斯通的那天，他便从参与掳掠的人群中不起眼的一员摇身一变，成为叛军的最高统帅。在占领梅德斯通之后，他的第一个主要举措就是袭击监狱，释放被囚禁在那里的鲍尔。

---

① 里格是欧洲和拉丁美洲一个古老的长度单位，在英语世界通常定义为3英里（约4.828公里，适用于陆地上），即大约等同一个人步行一小时的距离，或定义为3海里（约5.556公里，适用于海上）。

约翰·鲍尔是一名布道者、诗人，特立独行的思想家和天生的暴民煽动者。在将近二十年的时间里，他为英格兰东南部的教会、世俗政府和平民所熟知。他原本是约克的神父，因为在该地区的诸多教堂公墓与公共场所宣讲异端思想、抨击社会不平等并谴责正统教会的腐败与强者对弱政的暴虐行径而三次被坎特伯雷大主教下令监禁。他的哲学是对中世纪正统思想的公然反抗。鲍尔早就是大主教萨德伯里的眼中钉，因为他主要在后者的辖区内活动。大主教对鲍尔施加的手段从监禁到绝罚无所不包，但这些惩罚只是让鲍尔对教会更加轻蔑。鲍尔从梅德斯通获释后时已经发展出自己的意识形态，他主张消灭一切形式的贵族统治。在他的敌人看来，他那种激进的平等主义意味着"不再有领主、大主教、主教、修道院长，绝大部分僧侣和教士也将被消灭，让英格兰只剩下一个大主教，就是他自己"。[3]

泰勒和鲍尔的联手因此造成了一种危险的局面。这两人一个是将军，一个是先知；他们将军事才干与煽动民众的本领相结合，共同为叛军提供了军事与思想的核心，让人们团结在他们的旗帜周围。随着追随者与日俱增，他们从中挑选了一些精干的人陪同他们四处旅行；他们也对朝圣道路沿线的村镇居民产生了一种催化剂作用。

泰勒的人马从梅德斯通启程，穿过肯特郡丘陵地带来到大路上。6 月 7 日至 9 日的周末，他们来到坎特伯雷。一路上形势大乱，叛军四处追踪和抓捕王室官员、冈特的约翰的仆人和郡里的行政官员。他们追捕的目标包括托马斯·德·哈兹尔登（冈特的约翰的内廷管理者）、托马斯·奥斯格雷夫爵士（财政副大臣）和尼古拉斯·赫林（充公产业管理官、治安法官、人头税调查员和国王在本郡私有土地的管理者）。这股叛军当中有不少人来自埃塞克斯郡，所以他们可能知道约翰·希维尔爵士已经遭到袭击。他们还将注意力投向肯特郡的郡长威廉·赛普特万茨。[4]当然，叛军还会掳掠财物。他们在乔克抢了一匹马，并煽动附近格雷夫森德镇的居民起来造反。罗切斯特城堡再也不是政府权威的威严象征。约翰·牛顿爵士被裹挟在叛军当中，罗切斯特周边地区陷入混乱。纵火和暴乱蔓延到乡村，空中满是浓烟与愤怒的呼号。从罗切斯特到坎特伯雷，许多村庄被烈火吞噬。在弗林兹伯里，一座房屋被点燃，而沿着朝圣道路往东不远处、位于谢佩岛以南的地带发生了更多喧嚣与骚动。小集镇锡廷伯恩的若干房屋被毁，一个叫约翰·戈德沃特的人在距离锡廷伯恩约半英里的博登村被杀。通往坎特伯雷的道路在法弗舍姆经过森林，那里的一家石灰厂毁于暴乱。

瓦特·泰勒的队伍在一片混乱当中行军，沿途不断煽动群众并招募新人。6月10日（星期一）正午前不久，他们抵达坎特伯雷城。他们已经做好准备，要把这座城市也闹得天翻地覆。

与此同时，在埃塞克斯郡，人们约定在6月10日采取决定性行动。和肯特郡的情况一样，埃塞克斯郡的多股叛军联合起来，构成一支庞大的暴民队伍，他们的目标是尽可能地摧毁王室政府的统治机构。

来自埃塞克斯郡各地和肯特郡北部的多股叛军在克莱辛圣殿附近聚集成一股。这里是富裕而显赫的医院骑士团的资产所在①，所以在叛军眼中自然而然地与教会、本郡地主阶级和全

---

① 克莱辛圣殿曾是圣殿骑士团在英格兰最早也最大的产业之一。1309年（爱德华二世时期），圣殿骑士团遭到镇压而解散，它的很多财产，包括克莱辛圣殿，被移交给医院骑士团。

国范围内的恶政联系在一起。医院骑士团的英格兰分团长罗伯特·黑尔斯爵士也是英格兰王国的财政大臣。叛军攻击了克莱辛的庄园，洗劫了这里的宅邸。他们抢走甲胄、僧侣法衣、金银，烧毁书籍，掳走储藏在那里的粮食，并喝光了三桶葡萄酒。然后他们将宅邸拆毁并纵火。

在克莱辛的叛军还能闻得到从东面三英里外的科吉舍尔飘来的滚滚浓烟。在科吉舍尔，希维尔郡长自周末以来就被困在家中，闭门不出。他在屋内躲避的时候，叛军冲进了科吉舍尔村。在此肆虐和威慑当地居民的叛军包括来自至少四十个村镇的代表。有些人去修道院抢走了那里的契据和档案，也有人去了希维尔家，而这一次他们不再只是对他施以威胁。希维尔不再像 6 月 6 日那样走运了。叛军冲进他家，狠狠地殴打他，撕破他的衣裳，还把在屋里能找得到的所有公文都抢走了。希维尔保住了性命，但埃塞克斯郡的充公产业管理官约翰·尤厄尔的运气就没有这么好，他在科吉舍尔被叛军俘获并杀害。

埃塞克斯郡的郡长被推翻，王权的统治在该郡就被象征性地消灭了。次日，叛军转向切尔姆斯福德，在大街上焚毁了缴获的王室档案。如果一份文档附有绿色火漆印，就表明它是财政文档，叛军会特别留意这一类文件。从这时起，叛军又分成原先的若干股，在郡内外分散行动，制造混乱、肆行冒险。

而在肯特郡，局势进一步恶化。

泰勒的人马在午前进入坎特伯雷。似乎有成千上万人蜂拥进入城市，之前一个周末的暴乱让他们群情激奋。叛军抵达坎特伯雷的时候，大教堂内正在举行弥撒。此时泰勒显然能够对叛军施加严格的管束，因为他们全都在僧侣面前跪下，然后要求僧侣选举自己当中的一员为新任大主教，"因为现任大主教

［萨德伯里］是叛国者，罪行累累，将被斩首"。[5]

　　叛军的下一个行动是传唤来当地的市长、官吏和市民，强迫他们宣誓效忠于"理查二世国王和忠实的平民"。随后叛军询问城内"叛国者"的姓名。市民给出了三人的名字，叛军把这三人从家里拖到大街上斩首。

　　随着这些所谓的叛国者被杀，坎特伯雷发生了严重的暴乱，这场暴乱将会持续近一个月。这座城市有着适于滋生叛乱的肥沃土壤：市政府深陷于派系斗争之中，过去三年里王室委派的行政官员在本市的施政受到种种阻挠。现在，很多人遭到殴打和杀害，财产被掳走。暴乱的受害者包括威廉·梅德曼汉姆，他在全郡的财产都遭到破坏；还有约翰·泰伯，他曾任官吏和议员，在1370年代还担任过王室的税收委员会成员。梅德曼汉姆的住宅遭到破坏，财物被洗劫；泰伯惨遭杀害。庄园官吏和曾经的市政官员约翰·泰斯也被杀死。多位领主（包括理查·德·胡爵士、托马斯·加姆温顿和托马斯·弗格爵士）名下的房屋遭到抢劫。在坎特伯雷各地，泰勒的农民军与城里的手工匠人和仆人联手，让这座城市陷入无政府状态。

　　坎特伯雷的情况和罗切斯特类似，城堡的陷落标志着叛军控制了全城。泰勒带领一队人马去了城堡，埃布尔·克尔就在他身旁。他们闯入城堡监狱，释放了被锁在地牢里的四名犯人。就像埃塞克斯郡叛军当天所做的一样，肯特郡叛军也开始追捕郡长。他们抓住了威廉·赛普特万茨，强迫他像市长和很多市民一样宣誓。他们勒令赛普特万茨交出他手中所有包含郡与王室法律文件以及王室指令的账簿。叛军一共找到了五十册卷宗，将其堆积在街上并一把火烧掉。为了确保所有能找到的全部王室指令都已被销毁，他们随后把心惊胆战的赛普特万茨从城里带到他的弥尔顿庄园，那里还存放着更多公文。这些公文也被付之一炬。

经历了整整一个下午的劫掠和暴乱，坎特伯雷变成了这副模样：街上遍布血迹，到处是羊皮纸的碎片、被撕开的火漆印、篝火留下的灰烬和被毁房屋的焦黑残骸。市区和郊区一片骚动，造反的市民和从远方的城镇和外郡来的叛军一道兴风作浪。惨遭破坏的房屋燃起黑烟，飘过了肯特郡丘陵地带；从坎特伯雷到达特福德，人们听到本郡新领导人瓦特·泰勒和约翰·鲍尔的名字，无不战战兢兢。

虽然罗马古道已落入在叛军手中，肯特郡发生暴乱的消息还是传到了伦敦。6 月 11 日星期二，王室信使来到坎特伯雷。他们奉年少的国王及重臣会议的命令，从位于温莎的王宫赶来，责问平民为什么如此犯上作乱。这一天，他们与叛军进行了沟通，泰勒代表他的部下解释道，他们之所以起事，是为了从叛国者手中挽救国王与王国，未达目的决不放弃。

他的发言可谓胆大包天。叛军显然知道自己处于强势地位，也可能是自觉走投无路，不如铤而走险。枢密院也明白这一点。这天天黑时，温莎传来了国王的决定：理查二世送来消息，他将于次日在伦敦郊外的布莱克希思亲自接见叛军。

国王愿意谈判的消息实在是过于可喜，让人不敢相信是真的。不但泰勒相信国王的承诺，他凭着从运动早期开始就已形成的令人难以置信的强大声势召集部下，组织他们开始快速行军，像朝圣者一样，去执行他们一生中最重要的使命：进军伦敦。

第二部

六 布莱克希思

肯特郡和埃塞克斯郡的叛军集结了大约十万平民与农夫。其他地方还有很多受债务压迫或因犯罪而害怕法律制裁的人赶来加入。这样庞大的平民队伍真是闻所未闻,见所未见。暴民来到名叫布莱克希思的地方,决定在那里检视自己的兵力,清点他们数目庞大的伙伴……

——托马斯·沃辛厄姆

布莱克希思,6 月 12 日,星期三

即便在天气晴朗的日子,一个视力再敏锐的人也无法在格林尼治的山丘上看清伦敦塔的东南角。这座山丘耸立在布莱克希思前方,位于泰晤士河沿岸风光旖旎的乡村之上。但在 6 月 12 日(星期三)下午晚些时候,聚集在布莱克希思原野粗粝扎人的青色灌木丛当中那成千上万的叛军一定能感受到伦敦塔的存在。它是那样雄壮宏伟,令人肃然起敬,他们只是远观,便感到自己仿佛就站在伦敦塔戒备森严的厚厚石墙前。

他们的眼前是宽阔的泰晤士河。沿河最便捷的交通方式是乘船。在繁忙的日子里,即便在远离上游的城墙脚下那些拥挤而臭气熏天的码头的格林尼治,泰晤士河上的航路依旧喧嚣而热闹非凡;那些以满嘴污言秽语闻名的伦敦船夫在强劲的潮汐水流上为驾船而忙碌。站在山上俯视河面的叛军也许会注意到

渔船比往日少，因为最近几天动乱的参与者有不少是来自埃塞克斯郡泰晤士河湾的渔民。但6月12日的泰晤士河航道也很忙碌，只不过这一天的交通与平日不同。整个下午，河面上都有人忙得不可开交。乘坐小船的信使在叛军领袖和国王之间来回穿梭，急匆匆地掠过波涛汹涌的灰色河面。

整个下午，叛军如溪流般源源不断地上山，其中来自肯特郡和埃塞克斯郡的农民，也有他们在经过都城郊区的庄园和村庄时招募的新人。自星期二以来，当地人就知道肯特郡叛军即将赶到。这消息传遍了伦敦城附近的各处村庄。在伦敦周边，心情激动的村民离开家园，争先恐后地加入河岸上情绪激昂的人群。

成千上万的农民抵达之后，疯狂的流言开始在不断膨胀的人群当中不胫而走。据说山上将会聚集多达6万人，还有同样数量的人从埃塞克斯郡和赫特福德郡聚集到泰晤士河对岸。[1]还有传言称白金汉伯爵准备加入叛军。（有人说在人群里看见了伯爵，也有人说那只不过是个长得像伯爵的肯特人。）还有人说，国王的母亲肯特的琼安在从坎特伯雷到伦敦的路上遭遇了封锁线之后祝福了叛军，有很多叛军在当天就是从这条路骑马赶来的。这是充满激情的一天。一场传奇正在酝酿。

在泰晤士河上游，王室内廷刚刚抵达伦敦塔。在同意与泰勒叛军见面之后，内廷快速离开位于温莎的避难所来到这里。伦敦塔是伦敦城的古老要塞，坚不可摧，要想保障国王的人身安全，入驻此处是唯一现实的选择。

王室队伍进城之后，市长威廉·沃尔沃思带着精挑细选的亲信，前来拜见理查二世，其中包括尼古拉斯·布雷姆布利、约翰·菲利波特和罗伯特·朗德。他们之前目睹了国王进城并进入伦敦塔。当晚，理查二世身边的人比平时少了很多，包括上述几名伦敦市民、财政大臣黑尔斯、国王同母异父的哥哥肯特伯爵托马斯·霍兰、阿伦德尔伯爵、沃里克伯爵和曾与理查二世的父亲在法兰西并肩作战的老将索尔兹伯里伯爵。内廷还带来了总计约 600 人的廷臣、士兵和仆人。[2] 在这些人当中有理查二世的堂弟德比伯爵亨利和国王的密友牛津伯爵罗伯特·德·维尔，这两人都是十几岁的少年。德比伯爵的年纪只比理查二世略小，而牛津伯爵虽然只有十九岁却相当成熟。不过，这两个同龄人的随侍并不能给国王多少宽慰。理查二世一定希望德比伯爵的父亲冈特的约翰，或者国王的另一位叔父剑桥伯爵兰利的埃德蒙能够在场保驾。

遗憾的是，这两位长辈此时都身在远方。冈特的约翰当然正在苏格兰，而剑桥伯爵正在普利茅斯，准备率领一支舰队前往葡萄牙。因为害怕遭到南海岸愤怒村民的袭击，他不得不把舰队停在外海。白金汉伯爵也不在国王身边，因为他是驻法英军的总司令，正在法兰西；理查二世的教师和内廷高级骑士西蒙·伯利爵士也不在国王身边。

国王一行人青涩而缺乏经验，他们躲在要塞内，面前是令人不安的严峻形势。伦敦塔在当年建造的时候是一座彰显诺曼王朝权威的宏伟建筑，现在却很快成为心惊胆寒的宫廷人员的藏身之所。而迫使他们狼狈藏匿的，恰恰是他们自己的人民。

宫廷气氛紧张，叛军营地里却一片欢腾。国王和宫廷就在泰晤士河上游一个小时路程的地方。对泰勒及其追随者而言，他们的主君已经近在咫尺。就是因为国王承诺与他见面，泰勒才驱使这些人从坎特伯雷行军赶来；也正是能够与国王本人谈

判的威望，巩固了泰勒的首领地位。现在，他们在傍晚的凉风
中等待下一艘小船从伦敦塔送来国王的消息。年轻的国王本人
竟然给他们送来消息，单是想到这一点，就让广大叛乱农民既
感到惴惴不安，又感到一种近乎宗教体验的狂喜。

泰勒叛军懂得人质的价值，所以他们把罗切斯特城堡的长
官约翰·牛顿爵士带在身边。[3]他身为骑士，是有价值的信
使，于是他们派他去伦敦塔宣布叛军即将抵达。牛顿奉命去谈
妥国王与平民会面的具体细节。他肯定对这一使命大感恐慌，
但在叛军当中待了一周之后，他现在想必非常愿意离开。

在等待牛顿返回的期间，叛军决定先在泰晤士河南岸施展
拳脚。晚上6点，他们来到伦敦外围的萨瑟克，这座城镇就在
伦敦桥南端附近，以妓院、监狱和有伤风化的气氛闻名。这是
个丰富多彩的粗俗下流之地，酒鬼、皮条客、残疾人、异装癖
者和娼妓在这里厮混。和之前在梅德斯通、坎特伯雷和罗切斯
特的所作所为一样，叛军到了萨瑟克之后也开展他们最喜欢的
消遣活动：劫狱。他们洗劫了关押伦敦囚犯的马歇尔希监狱
（狱长是理查·因姆沃思），释放了所有因为负债和犯重罪而
在押的犯人。

无论在伦敦市民还是郊区居民的眼里，这位狱长都不是好
人。他在当天早些时候已经识趣地逃进伦敦城。在他逃亡期
间，萨瑟克的居民加入了叛军。

泰勒叛军、萨瑟克暴民和部分伦敦本地市民（他们反对
冈特的约翰用因姆沃思来欺侮和控制伦敦市民的政策）进行
的这次联合劫狱行动，是农民叛军和伦敦城内叛乱者合流的第
一个明显迹象。（这几股势力的联合可能是有预谋的，因为在

本周早些时候就有一些同情叛军的人相对自由地出入伦敦城，传播东南部正在发动叛乱的消息。）

叛军的领袖瓦特·泰勒、杰克·斯特劳和约翰·鲍尔一定既因为自己的成就而飘飘然，又满心欣喜地充满期待。两种情绪的混合给了他们一种非现实感。鲍尔的哲学要求人们坚定不移、忠于自己的信念并抓住上帝赐予的良机。他在目睹英格兰普通民众掀起暴乱的时候一定感到天意昭昭，也一定对这个混乱而倒错的局面感到满意，因为罪孽都被颠覆过来——他曾在一篇著名的布道文中说，如今"淫荡者不知羞耻""暴食者不受指责"。

鲍尔的神秘主义思想再加上泰勒和克尔那样的地区性叛乱领袖集结起来的成千上万叛军热情洋溢的支持，或许让几位领袖感到自己即将投身于史上最宏大的"夏季狂欢"当中。在一边聆听着鲍尔的宣讲，一边沿河向西眺望、然后检视手下形形色色但意志坚定的叛军时，泰勒或许感到无比自信：他相信自己筹划的这场最为宏大的狂欢一定会成功，他们一定能把伦敦翻个底朝天，并让自己和国王本人谈笑风生。

不久之后，万众期待的消息终于穿过繁忙的河上交通，传入充斥着流言与期待的乱哄哄的叛军营地：王室的信使到了。

国王送来消息，他将于次日上午在泰晤士河岸边与叛军面谈。这是一个意义重大的宣言，让叛军相信，他们的使命果然是神圣的。他们将要涤荡王国的弊政，在年轻的国王面前揭露奸臣对人民的暴行。

但国王拒绝在当晚见面，而是选择更为安全且明亮的次日上午，这造成了一个小小的实际问题。在布莱克希思扎营的叛军人数远远超过他们携带的口粮的供给能力，大约四分之一的农民只能饿着肚子过夜。但这只是小事一桩，坚持不到明天早上的人大可以去南岸抢劫。而其他人根本没有把吃饭当回事。泰勒和鲍尔得知国王同意会见他们，无疑相信自己清君侧的功绩将得到国王本人的认可。

不足为奇的是，这种兴奋和激动的情绪引发了更多的骚乱。在攻击马歇尔希监狱的过程中，狱长因姆沃思在萨瑟克的一座豪宅已经被拆毁；现在叛军开始对所有与因姆沃思有联系的陪审员和为法庭服务的职业密探的家宅发动夜袭。这些人的姓名与地址中有一部分无疑是由伦敦市民提供的，说不定就是刚刚获得了自由的负债人和罪犯在趁机报复仇家。

随后，叛军沿着南岸继续推进，来到兰贝斯庄园，攻入坎特伯雷大主教的宫殿，捣毁萨德伯里的财物，烧毁他们能找得到的一切法律档案。他们毁坏了萨德伯里的服装、法衣和书籍，打开他的葡萄酒桶，喝了一部分酒，并轻蔑地（甚至是亵渎地）把剩余的酒倒在地上。攻击兰贝斯的叛军一定规模不小，也一定占领了整座宫殿，因为他们能够进入萨德伯里的许多房间和寓所，打碎所有厨房用具，一边大肆破坏一边兴奋地吼叫。他们在捣毁大主教宫殿时发出令人胆寒的呼喊"造反了！造反了！"，这声音被伦敦郊区的教士铭记在心。[4] 在河对岸的威斯敏斯特，僧侣和王室的仆人听到这样的嘈杂和喧嚣，一定浑身战栗。

对萨德伯里宫殿的攻击既有象征意义，也是叛军对他的惩罚；叛军乐滋滋地返回布莱克希思山，但此时他们还没有被杀戮欲蒙蔽双目。威斯敏斯特的僧侣后来回顾叛乱时说，叛军在这一阶段的目的是杀死萨德伯里和伦敦的所有律师。但从我们掌握的证据看，此时的叛军仍然维持了相当严格的纪律。在埃塞克斯郡，北路叛军对克莱辛圣殿、科吉舍尔和其他地方的财产和法律档案也进行了类似的仪式性破坏。约翰·德·班普顿和约翰·吉尔兹伯勒等不得民心的王室官员遭到威胁，埃塞克斯郡和肯特郡的郡长被绑架，叛军大肆破坏房屋和私闯民宅。但即便在这种狂欢式破坏最为严重的夜晚，叛军对自己的行为也有约束。在公开叛乱的两周里，叛军在大多数时候除了杀死他们特别憎恨的几个敌人之外，都只将暴力行动局限于破坏财产和档案。这一天夜里在萨瑟克的行动也是如此。泰勒有效地掌控着部下，让他们在这一夜睡下的时候想的是谈判和讨还公道，而不是恣意杀伤他人。

随着夏夜的凉意降临，时间从 6 月 12 日（星期三）的夜晚推进到 13 日（星期四，基督圣体节）的凌晨。荒原上遍布营火的噼啪作响和闪烁的火光，在那些兴奋的、脏兮兮的、写满自豪与期望的面庞上映照出一抹跳动着的诡异光辉。他们令人难以置信的冒险即将在最崇高、最神圣的权威面前达到巅峰。如果从泰晤士河上游的伦敦塔观看，这些营火在夜空中也许只是若干个橘红色的亮点。年轻的国王就在伦敦塔内休息，为他人生中的第一次大摊牌做准备。

七 忠实的平民

国王下令备好他的御船……前往格林尼治。但在那
里，大法官和财政大臣禀报国王，去接见平民是非常愚蠢
的决定，因为平民是蛮不讲理的粗人，不懂规矩……这些
平民之间有一句英语的暗号，那就是"你站在哪一边？"；
回答是："站在理查国王和忠实的平民那边。"

——《佚名编年史》

伦敦，6 月 13 日，星期四，基督圣体节

自本世纪开始以来，每逢基督圣体节的清晨，伦敦各教堂
都会响起钟声，标志着民众宗教崇拜的喧腾一天开始了。这是
一个专门用于纪念圣餐神迹的瞻礼日，这一神迹将细条状的无
酵饼和带黏性的葡萄酒滴变成了耶稣基督的肉与血。基督圣体
节的历史不长，从 13 世纪中叶开始在欧洲出现，很快流行起
来。信徒在这一天纪念教会最神奇的圣礼，而且这个节日具有
深远的社会意义。

伦敦的贸易行会热爱基督圣体节。这一天，各行会上街巡
游，教会也举办游行。大大小小的游行队伍穿过全城，从教堂
走进酒馆，又从酒馆走回街上，各行会趁这个时节展示自己的
财富、势力和优越性。这是一种自发的夏季节庆，街巷的地上
铺了灯芯草，房屋张挂旗帜，整个社区（以及其内部的更小
规模的群体）携手庆祝，彰显团结。对基督受伤害的身体和

他的复活的记忆，就是信徒之间的纽带。基督圣体节是喧嚣而五彩缤纷的节日，人们会在这一天里有组织地卸下往日的桎梏纵情狂欢。[1]

1381年的基督圣体节具有上述的所有特征，但还发生了一些别的事件。此时城市内外都燃起熊熊大火，大群陌生人来到城下，此等事态前所未见。城内已经有很多来自埃塞克斯郡和肯特郡的访客，之前的一周里他们一直焦躁不安。他们带来了乡村暴乱的消息，并与伦敦市民讨论未来局势的走向。城外显然有两股叛军在集结。埃塞克斯郡叛军在过去十天里不断攻击王室官员拥有的房屋，追捕官员的仆人，令他们心惊胆战。现在这股叛军驻扎在几英里之外麦尔安德附近的田野，那里位于阿尔德门路的路边，而从阿尔德门路进入城区的入口就在伦敦塔以北1500码处。他们一定知道，肯特郡叛军正在泰晤士河下游的格林尼治集结，他们正驻扎在布莱克希思山，并独自攻击萨瑟克和兰贝斯。

在伦敦塔内，理查二世及其内廷人员正在起床，准备去面对他短暂的在位时期里最具挑战性的一天。从东南方来的叛军几乎就在他们的面前扎营。除了驻扎在布莱克希思的泰勒叛军之外，埃塞克斯郡叛军也开始抵达伦敦城东北的几座城门。诗人杰弗里·乔叟（此时是王室的仆人）在阿尔德门以北租住一间公寓，他如果从窗户往外看，一定能看见成群结队的埃塞克斯郡叛军在楼下逡巡，他们是从麦尔安德大本营沿着阿尔德门路过来的。伦敦塔内正在起床的人和在户外扎营的人都很清楚，今年的基督圣体节可能是极具轰动性的一天。

宫廷面临的最紧迫的问题是一场突然发生的领导危机。夜里，坎特伯雷大主教西蒙·萨德伯里求见理查二世，这次拜访让国王颇感忧心。大主教辞去了大法官的职位，并交出了大印。萨德伯里在叛军接近兰贝斯时被迫逃跑，这种巨大的冲击与在他的坎特伯雷教区发生的野蛮暴乱一道令年迈的大主教吓破了胆。他可能颇为自责，觉得正是自己的灾难性决定（征收北安普敦议会批准的人头税）导致平民如此亵渎神明、作奸犯科。他的辞职决定无疑经过深思熟虑，但未免过于怯懦。自从理查二世的幼年时代起，萨德伯里就是他人生的一部分，值此大难临头之际，这位大主教却背弃了这位十四岁的国王。

在准备做标志神圣瞻礼日开始的弥撒时，理查二世一边思考着当天上午晚些时候如何与叛军谈判，一边或许还回忆起了自己之前的一次公开露面。理查登基时年仅十岁，他在加冕礼期间坐在自己的教师西蒙·伯利的肩上走过威斯敏斯特的街道，接受壮观的人群向他表忠致敬。随后萨德伯里身穿大主教的全套华服为理查二世涂抹圣油，将他加冕为王。那时的萨德伯里温和而睿智，虔诚而有父亲的气派，他为国王赋予神圣性，让理查成为年轻的半神。理查二世接过御剑时，萨德伯里告诫他要用这把剑"诅咒和消灭那些对信仰弄虚作假的人"，并"赞颂善的胜利；身为伸张正义的君王，要配得上与救世主一同永久地统治"。理查二世接过权杖（王权的象征）之后，萨德伯里教导他要用权杖"惩罚罪人，给义人带来太平，为他们指明正确的道路，从而让你在治理了人间的王国之后能抵达永恒的国"。[2]

如今，在民变危机面前，理查二世很可能想起了当时的那些情感与言辞。这天清晨的弥撒可能是在伦敦塔的圣彼得被囚王家礼拜堂举行的，弥撒结束之后，理查二世走下狭窄的阶梯，来到要塞码头，登上王室御船。惨遭挫败的前任大法官也陪同他前往，黑尔斯、沃里克伯爵和索尔兹伯里伯爵也陪国王一道出行。一队王室骑士跟随他们，内廷的若干成员乘坐另外四艘船跟在队伍末尾。打头阵的船驶入泰晤士河，他们背后的伦敦城正在闹哄哄地为今天的喧嚣节日做准备。国王的船队顺流而下，驶向国王需要去惩戒的叛逆者。

布莱克希思山上的人们满心期待，等候国王的御船到来。负责去河岸上的王室庄园罗瑟海斯与国王谈判的叛军代表团规模庞大。肯特郡叛军当中可能有超过十分之一的人骑马跟随泰勒，其中很多人因为要参与这桩美妙的大事而感到激动，他们受到节日气氛的影响，又饿着肚子在户外睡了一夜，此刻颇为焦躁不安。他们携带着两面圣乔治旗和六十面用于在正规的军事队列中表示各连队的燕尾旗。泰勒是精明强干的统帅，他一定希望自己的部下排成整齐队形，秩序井然地迎接他的最辉煌时刻。

叛军就这样等待着，但他们在此期间没有保持安静。鲍尔在基督圣体节这一天如鱼得水。与国王谈判需要良好的秩序，而叛军当中洋溢着一种疯狂的、正义凛然的狂热，这种狂热在当天早上因鲍尔一生中最伟大的一场布道而被鼓动起来。鲍尔此次宣讲的主题是一句大家耳熟能详的韵文谚语，直击听众的心灵：

　　　当亚当耕种、夏娃织布的时候，
　　　谁是贵族？

这种激进的平等主义论调是民间布道的一大支柱，帮助鲍尔赢得了受侮辱受践踏的穷人的好感。也正是这种思想让他在教会高层眼中成为危险的异端分子。他这句简单易懂的韵文既含有异端思想，也能煽动民众。即便最无知的大老粗也很容易理解这句谚语。在政府眼中，这句谚语粗俗且渎神，因为它彻底排斥人类的等级制，而在正统的思想中，这一等级制是由上帝决定并确立的。这句谚语也是对地主和统治阶层的舒适生活与奢靡享乐的直接抨击。这个阶层的人既不耕种也不织布，所以逃避了上帝在人类堕落时施与的惩罚，即惩罚人类必须为了自己的生存而艰辛劳动。[3] 此刻他的听众比以往更加憎恶贵族的腐化与不劳而获，鲍尔的话在他们听来有如金玉良言。

这天早晨，鲍尔宣讲了人类的平等。他说，起初人类并没有阶层划分，农奴制这样不公平的制度也绝不是上帝建立的：

> 啊，你们这些善良的人听好，英格兰的局势不会好起来，除非万事万物都属于所有人，除非再也没有农民和贵族的区分。唯一的希望就是我们所有人都团结起来，我们自己当家做主人！[4]

他的听众一定纷纷点头认可。他咆哮道，现在就是挣脱劳役与农奴制枷锁的时候，现在就是每一位平民享受自由的时候。大家听到这里一定高呼万岁，表示赞同：

> ……我们究竟做了什么，要被当作奴隶？我们都是同一个父亲亚当和同一个母亲夏娃的后代。贵族凭什么说他们比我们高贵？他们这么做只不过是为了强迫我们为他们劳作，让他们坐享其成。
>
> 他们穿着天鹅绒和精致羽纱，而我们穿着粗布衣服。

他们享用葡萄酒、香料和好面包，而我们只能吃谷糠，喝白水。他们居住在条件优越的宅邸内，而我们在乡间顶风冒雨，饱尝艰辛；他们攫取我们的劳动果实，将其占为自己的财产；我们被称为他们的农奴，我们若不为他们效力就要挨打；我们也无法向君主申诉，听取我们冤情的人也不肯公平对待我们。

其实肯特郡是英格兰少有的完全不存在农奴制的郡之一。肯特郡的下层阶级略微品尝过自由和受法律保护的滋味，但从来没有享受过完全的自由，所以鲍尔的话对肯特人心灵的感召力更显强大。群众想听的就是他这样的主张。

鲍尔把他预想中叛军众人即将获得的应许之地比作一片田野，农夫现在应当连根铲除那些对小麦生长构成威胁的杂草。他说，国内的大贵族就是杂草，律师、法官和陪审员也是杂草，所有不同意他关于自由平等社会之构想的人都是杂草。

在基督圣体节当天，这番话撼动了听众的心灵，他们的脑海中浮现出农夫基督的形象，他背负着十字架，如同肩扛木犁的把手。鲍尔在听众心中注入了一种强大而神秘的正当感，并向他们展示了美好的应许之地，在那里英格兰的秩序不再颠三倒四，而是得到了改革，权力分配的不公被一扫而净。他向人民承诺和平与安全，并宣布这个基督圣体节将会给他们一个机会去洗涤这龌龊的人间；随着国王驾到，这场涤荡即将开始。

罗瑟海斯在布莱克希思的上游不远处，所以在王室御船离开伦敦塔之后不久，叛军就应当能看到它们。他们应当能看见领头的精美御船上的鲜艳色彩在阳光下更加耀眼，也会注视着小小的木桨划过泰晤士河的铅灰河面。这是多么令人心潮澎湃的景象：沉默而威严的国王正在向他们赶来。

随着御船绕过泰晤士河右岸的拐弯处并越来越接近叛军营地，人群中的约翰·牛顿爵士（此时仍然是叛军的人质）一定感受到越来越响的喧嚣。他也许能看见泰勒、鲍尔和斯特劳一起在队伍前方，他们显然在准备迎接他们人生中最重要的时刻：带有神圣性的国王虽然还是个少年，但毕竟是受膏的光荣君主，而且是专门为了见他们而来的。

牛顿也许在努力想象御船上的人们该有多么紧张。他有过亲身体验，所以知道叛军的手段多么粗暴，而理查二世却还没有见过叛军的模样。在前一天觐见国王之前，牛顿曾被授意向国王担保叛军绝无伤害国王之意。但听到叛军的叫嚣喧哗之后，理查二世怕是很难相信这种担保。

御船上的人们的确越发紧张起来。他们越接近岸上庞大而狂热的人群，就越为理查二世的人身安全担心。萨德伯里坐在国王身旁，他还未从昨夜的风波中恢复精神。随着他们靠近叛军营地，人群的呼喊愈发响亮和急迫。萨德伯里也许在岸上的人群中发现了牛顿，他身在暴民当中，仍然在担心自己性命不保。

萨德伯里内心的恐惧也感染了黑尔斯。他的住宅也遭到了叛军的洗劫和破坏，他敏锐地觉察到，即便叛军愿意欢迎国王，自己（黑尔斯）作为财政大臣、埃塞克斯郡地主和医院骑士团的英格兰分团长也肯定无法从叛军的怒火中幸免。于是他劝国王小心谨慎，不要与这群吓人的赤足流氓谈判。御船上的乘客都慌张起来。索尔兹伯里伯爵是御船上级别最高的军人，他也不同意在叛军附近靠岸，因为叛军看上去十分危险，而且以他的标准来看纪律颇为涣散。叛军手中的武器仅仅是生锈的剑和老旧的弓，但这让他们的行动更加难以预测。应当如何应对这样的农民军？似乎以往的规则并不管用。索尔兹伯里伯爵从前打过交道的类似暴民通常只是在外国贵族领导下供英军屠杀的炮灰而已。

船上几个人的年纪都比理查二世大至少三十五岁。听到他们的建议，国王一时间也失去了少年的勇气，放弃了上岸的想法。最安全的办法是留在河上，于是理查二世拒绝上岸，但同意接受叛军的请愿。

消息传到泰勒叛军那里，很快就有一名自耕农前来向王室御船呈送请愿书。它的内容令国王等人大为震惊。今晨鲍尔浮夸的布道让叛军十分激动，他们又被目前取得的成功冲昏头脑，所以他们的请愿书不是要求从政治和法律上改善他们的处境、纠正弊政，而是简单粗暴地要求斩杀罪人。他们要求处死国王身边每一个在他们看来败坏朝纲的奸臣。这份名单包括冈特的约翰、萨德伯里、黑尔斯、伦敦主教考特尼、达勒姆主教福德姆（担任掌玺大臣的文书官）、主审法官罗伯特·贝尔纳普爵士、拉尔夫·费勒斯爵士（因参加 1378 年霍利事件而臭名昭著的那个得到冈特的约翰庇护的骑士）、罗伯特·普莱辛顿爵士（财政部衡平法庭首席法官）、约翰·莱格（侍卫长，民众一般认为他是兜售人头税调查员职位的始作俑者）和约翰·德·班普顿（臭名远扬的布伦特伍德税吏）。

国王一行人目瞪口呆。随后国王表示愿意向喧闹混乱的叛军讲话，但大臣们否决了他的意见。叛军要求处决的目标当中有两人此时就在御船上，他们不可能同意国王接近南岸叫嚷咆哮的暴民。在叛军看来，他们的口令"你站在哪一边？""站在理查国王和忠实的平民那边"显然是表白了自己对国王的忠诚。但萨德伯里和黑尔斯不会对这种忠心感兴趣。在他们看来，唯一安全的选择是立刻逃回伦敦塔。于是王室一行就这样撤退了。他们还送消息给叛军，说如果他们想继续谈判，可于下个星期一在温莎面谈。御船调转船头，逆流而上，返回伦敦城。

岸上的人们对此简直无法置信。泰勒的叛军站在河岸上，他们之前期待许久的关键时刻就这样一去不复返了。兴奋的欢呼和叫嚷变成了沮丧的呐喊与愤怒和拒绝接受现实的咆哮。他们怒气冲冲地打算采取行动。叛军领导人原以为这将是他们赢得最伟大胜利的时刻，可如今自己却遭到国王的冷落，不禁暴跳如雷，带领愤怒的队伍回到布莱克希思山上。他们再也无法克制，现在一心想要报复和发泄胸中的狂怒。他们要重新行动起来。伦敦桥只需进军几个小时即可抵达；埃塞克斯郡叛军已经来到阿尔德门周边。对于违抗"忠实的平民"之意志的叛国者，他们绝不会放过。一支史无前例的基督圣体节游行队伍即将兵临伦敦城，恶人将被连根拔起，就像可恨的杂草一样。

八　伦敦桥

> 这群农奴已经彻底陷入疯狂，企图夺取胜利。于是这群野蛮人如同海水般涌向伦敦城，强行闯了进去。
>
> ——约翰·高尔

萨瑟克，1381 年 6 月 13 日，星期四

在布莱克希思山上，暴民呆若木鸡地站立着。然后，他们的怒火在领袖的煽动下爆发出来。在高尔对布莱克希思事件的回忆里，鲍尔和泰勒的蛊惑人心占据了很大一部分篇幅：

> 所有暴民缄默无声，仔细听讲话者的言辞。他发出的每一句命令都为他们所喜。受蒙蔽的暴民听信他的巧言令色，却预想不到结果会怎么样……于是寒鸦［泰勒］放肆地呼喊并煽动所有人，引导人们去打仗……他说："攻击！"就有人攻击。他说："杀人！"就有人杀人。他说："犯罪！"所有人都跟着犯罪。暴民之中没有一个人违抗他的意志……[1]

自当天早晨遭到王室怠慢以来，泰勒、斯特劳、鲍尔和叛军的其他领导人就被高尔记载的那种带有原始激情的狂怒牢牢控制了。他们开始从布莱克希思出发，而他们构想的计划也变得无比狂妄。据说叛乱平定之后斯特劳曾供认，叛军的图谋不

仅仅是与国王对质，还要俘虏国王并把他当作傀儡带到乡村各地游行，从而实现约翰·鲍尔的设想，即消灭一切形式的贵族和教会统治集团。

如果叛军当真有这样的计划，这也是他们因期望过高而大失所望之后产生的挫折和无助感造成的下意识反应。从布莱克希思沿泰晤士河向西开往萨瑟克的时候，叛乱者们的心情越来越郁闷，渴望着彻底发泄前一夜积攒的紧张情绪。现在伦敦城成了他们需要捣毁的目标。

当然，要攻破这样一座要塞，只凭蛮力是不够的，叛军还需要使用智谋。叛军进入伦敦的主要障碍是泰晤士河。河上只有一座桥，即伦敦桥，它的南岸是萨瑟克，北岸是桥街的圣马格努斯教堂。这座教堂就在臭烘烘的比灵斯盖特鱼市以西几百码的地方。伦敦桥是一条由石块筑成的商业要道，整座桥的沿线都是商铺，在桥中央还有一座石制礼拜堂。在萨瑟克一端有一座大型吊桥，那里是保卫伦敦城的重要据点。泰晤士河的潮水十分强劲，泰勒的大军不可能全部乘船过河，所以他们必须想办法从桥上过去。

好在叛军在城内颇有人脉，可以帮他们解决过桥的问题。伦敦城的很多下层居民乐见叛军进城，这不算秘密。但上层市民当中也有人同情叛军，其中最显赫的就是市议员约翰·霍恩。（叛乱平息之后有五名市议员被指控通匪，包括霍恩、亚当·卡莱尔、沃尔特·西比尔、威廉·唐和约翰·弗雷什；但这五人当中应该只有霍恩真正与叛军有联系。）[2]霍恩在前一天就到布莱克希思与叛军见面，参与叛军与王室和市政当局的谈判。沃尔沃思市长指示霍恩严厉警告叛军不要进城。但霍恩传达市长的警告时并没有表现得很认真，叛军从他的仪态表情判断，伦敦市政当局高层有人同情反叛事业。

伦敦普通市民当中肯定有人支持叛军，因为他们认识到自己和泰勒叛军之间有许多共同的利益。叛军和伦敦市民的最大共同点就是都对冈特的约翰的憎恨和敌视。冈特的约翰此时在距离伦敦很远的地方，不过这不重要。他在伦敦及其周边都有地产，越来越焦躁的民众可以轻松找到这些目标来发泄自己的破坏欲。

对报仇清算的渴望具有传染性。在基督圣体节这一天，城内上街参加节日游行的行会成员与河对岸的农民军之间很可能有一种特别的认同感。市政府还有一点需要担心：埃塞克斯郡叛军距离市区只有一门之隔，既然已经有一些叛军进城，那么如果他们发现肯特郡叛军受挫，会不会在城内兴风作浪、横加报复？

萨瑟克本身也是个问题。它和伦敦郊区的其他地方一样，被动荡的情绪所感染，随时可能爆发叛乱。当肯特郡叛军接近萨瑟克时，很多本地人加入其中。他们奔向萨瑟克鱼塘岸边的一家妓院，它所在的房屋是从沃尔沃思市长手中租的。叛军拆毁妓院并纵火，吓坏了里面的佛兰德妓女，让那些不赞成在此处开妓院的市民大感愉悦。愤怒而敏捷的叛军爬上屋顶，捣毁很多房屋，以展示造反的决心。还留在萨瑟克的忠于政府的居民向泰晤士河北岸的市民呼喊，说萨瑟克快要被夷为平地了。[3]

随后是短暂的僵持，叛军站在伦敦桥南侧的三分之一桥面上，北面则有一群兴奋不已的伦敦本地暴民与叛军对视，并观看沃尔沃思的妓院房屋升起烟柱。泰勒的部下只要向升起的吊桥后眺望，就能看见沃尔沃思本人。这个城府极深的鱼商、政客、金融家和廷臣是伦敦城名义上的领导者，但此时他或许已经明白，自己再也不能违逆民众意志的大潮了。沃尔沃思肯定也认识到，伦敦市的民兵无力驱散叛军也无力掌控城市，尤其是如果伦敦本地人也掀起叛乱的话。叛军最出名的一个举动就是公开宣布他们来伦敦不是为了抢劫，他们愿意以市场价购买补给物资，伦敦市民也不必担心自己的财产受损；叛军的目标就是抓捕叛国者。

考虑到这些情况，沃尔沃思意识到抵抗已不可能。欢迎叛军的市民越聚越多，负责管理伦敦桥的官员只得听天由命地点点头，于是他的部下放下了吊桥。肯特人看到前方的道路畅通，于是蜂拥过桥，进入伦敦。他们发出令人胆寒的嚎叫，冲过桥中央的圣托马斯·贝克特礼拜堂周围杂乱无章的小商店和房屋，奔向河北岸的圣马格努斯教堂。在他们脚下，泰晤士河的水流汹涌激荡，在桥拱处掀起了危险的漩涡。比灵斯盖特往东七百码的地方就是伦敦塔，它虽然固若金汤，现在却可能遭到近距离围攻。溯泰晤士河而上，在古老的运粮港口昆海思两侧的商业码头之后是标志着伦敦城西部边界的弗利特河河口。在那里，繁忙的沿河码头区逐渐让位于奢华的宫殿码头、连绵起伏的花园和果园，这些地方是诸位主教的宫殿。叛军的正前方则是英格兰都城密集而肮脏的街巷，那里挤满了醉酒且容易激动的流氓和富商。胆小的市民匆匆寻找可供躲避的地方，全城的教士都在这天下大乱的时分祈求太平。[4]

在涌进城的农民叛军的前方，城里的暴民已经聚集起来，带着共同的目标走向伦敦城墙西面的几座城门。在诺曼时代兴建的圣保罗大教堂的巨大木屋顶的更远方耸立着卢德门，这座石制城门在上世纪得到重建和加固，用的是从伦敦富裕犹太人住宅拆下的石料；卢德门上还饰有英格兰古代君王的雕像，包括在基督教时代之前统治不列颠人的卢德王。卢德门面向弗利特街，也就是后来的河岸街。它是中世纪伦敦郊区的主要街道。绿意盎然的郊区地带分布有一些背靠泰晤士河的宫殿和花园，这些地方的空气清洁宜人，与市区那些拥挤而污秽不堪的街巷截然不同。各处宅邸之间有大约五十家金匠铺，在那里可以买到银制盐碟、酒杯和洗手指用的小碗，以及很多颇受欢迎的锡镴碟子。伦敦暴民挤过卢德门，就闯进了这片富庶的郊区。

河岸街有一座豪宅在其他房屋之中尤显突出，那就是冈特的约翰的萨伏依宫。他是英格兰首富，这座宫殿也是建筑杰作，极尽奢华。上个世纪的第一代兰开斯特伯爵"十字背"埃德蒙①曾生活在这里，后来的兰开斯特公爵把萨伏依宫装饰得光辉璀璨，而冈特的约翰的军事远征和随之而来的财富让他得以进一步提升萨伏依宫的品位。

肯特郡叛军紧跟在伦敦暴民之后。萨伏依宫位列叛军的黑名单之上，但他们还有一个距离更近的问题要先解决：监狱。他们释放囚犯，以刻意与法律作对。这也能增强他们的力量，

---

① "十字背"埃德蒙（1245～1296）是亨利三世最小的儿子、爱德华一世的弟弟。幼年时，父王曾打算培植他成为西西里王国国王，未果。权臣西蒙·德·孟福尔死后，其莱斯特伯爵领地被赏给埃德蒙。埃德蒙后来还获得了兰开斯特伯爵的头衔和其他诸多领地与头衔。埃德蒙参加了第九次十字军东征，衣服后背上可能曾缝有十字，因此获得了"十字背"的绰号。他是勇猛无情的军人，屡建战功，对哥哥爱德华一世忠心耿耿。埃德蒙的儿子，第二代兰开斯特伯爵托马斯因为反对爱德华二世而被处死。埃德蒙的另一个儿子，第三代兰开斯特伯爵托马斯就是爱德华三世时期的名将——格罗斯蒙特的亨利（后晋升为第一代兰开斯特公爵）的父亲。格罗斯蒙特的亨利没有子嗣，他死后兰开斯特公爵的爵位被废除。他的女婿冈特的约翰后来也获得第一代兰开斯特公爵的头衔。

因为有些囚徒愿意加入他们，并且能够发挥他们制造混乱的专长。

　　泰勒的叛军在奔向他们黑名单上的第一座监狱时还能维持较好的纪律，他们在穿过西南城区时没有抢劫也没有恐吓当地居民。而这些居民也跟着叛军穿过狭窄街巷，奔向卢德门。叛军之前如闪电般入城，现在又快速出城并来到弗利特河两岸，奔向弗利特监狱。他们冲进去释放了所有在押犯人，其中很多人是因为负债坐牢的。弗利特监狱早在 1290 年就因为关押大批债务人而闻名。和攻击马歇尔希监狱时一样，叛军的目的是攻击法律体制、反对达官贵人对法律的滥用，而没有考虑到这样做可能会将货真价实的犯罪分子放回社会。

　　肯特郡叛军的队伍继续膨胀，因为城东的阿尔德门终于向埃塞克斯郡叛军打开了。这股叛军在托马斯·法灵顿和伦敦屠夫亚当·艾特威尔等人的影响下，通过说服或强迫手段让守门人把他们放进了伦敦城。对守城者而言，在伦敦桥已经被叛军控制之后再想坚守阿尔德门无异于自杀。埃塞克斯郡叛军冲进城去，加入了伦敦本地叛乱者和激进的肯特郡叛军领导的冲锋。在之前的两周里，埃塞克斯人已听说了肯特郡叛军的很多事迹。

　　在伦敦本地人的引导下，埃塞克斯郡叛军轻松地穿过城市。他们也蜂拥冲出卢德门，从那里著名不列颠君王的石像下经过，然后与肯特郡叛军会师，一同兴高采烈地沿着城郊的石板路向西开往萨伏依宫。此时他们的心中一定燃烧着热烈的求变之火。在下午的阳光照耀下，他们呼喊咆哮，挥舞剑和斧子，因胜利而陶醉，打算把兰开斯特公爵引以为豪的宫殿夷为平地。

九　最初的烈火

　　他们终于来到萨伏依宫，破门而入，进入宫殿，来到衣帽间。他们带来了许多火把，将其点燃，烧毁了所有衣物、被单和床，以及所有贵重的床头板……他们把能找到的所有餐桌用布和其他物品都搬进大厅，一把火烧掉……他们烧毁了大厅、各个房间和大门之内的所有套房……这起纵火案的罪魁祸首据说是肯特郡平民，也有人说其实是伦敦本地人干的……

——《佚名编年史》

伦敦，6 月 13 日，星期四，下午 3 点

　　叛军喧闹着从位于高处的卢德门冲下坡，已被打开的弗利特监狱的大门就在他们行进路线的右边。当跟在大部队后面的掉队叛军也来到这里时，他们看到大肆破坏的狂欢已经开始了。下午太阳的热度已略微消退，但叛军报复敌人的狂怒正在接近炽热的最高点。

　　在伦敦城墙之外、伦敦市辖境之内（伦敦市的真正边界是围绕伦敦外围的一系列插入地面的铁杆，构成一个大致的半圆形），有好几块大面积的土地属于富裕的权贵阶层。加尔默罗会（白衣修士）修道院和索尔兹伯里主教的住宅（沿着弗利特河散步的人遇到的第一栋河边住宅应当就是这位主教名下的豪宅）里一定都回响着叛军急匆匆的脚步声和粗野的呼喊。

叛军不久前才闯进城，现在又闹哄哄地出了城。僧侣特别害怕叛军，因为在叛乱期间他们是全英格兰受害最严重的群体。但修士和主教的部下无须担心，因为叛军的注意力集中在具体的目标上，他们的主要动机不是针对神职人员。

叛军的攻击目标首先是属于狱长因姆沃思的房屋，他在城郊有好几处房产。有人为叛军指出哪些房子属于因姆沃思，于是他们冲上去拆毁了屋顶，然后纵火。狱长知道自己身为冈特的约翰的密友深受平民憎恨，而且他的官职在象征意义上也与暴政和不公的权威有联系，所以自己注定会成为叛军的猎杀目标。于是他藏了起来。前一天在萨瑟克，他的官邸和私人财产都遭到叛军的彻底毁坏，现在他心惊胆寒。

在白衣修士修道院和索尔兹伯里主教府之后，路边的第一栋大型建筑是新圣殿。这里在 12 世纪是圣殿骑士团的一处豪华住所，而在过去七十三年里则是他们的竞争对手医院骑士团的财产，财政大臣黑尔斯就是医院骑士团的英格兰分团长。医院骑士团把新圣殿出租给伦敦的律师，以为律师学徒提供宿舍，这处房产还被用于存放重要的法律档案和文书。新圣殿是律师行业的精神家园，而且塞满了平民憎恨的文档和契据，所以这座建筑对叛军来说有着特殊意义。他们视律师和法律从业人员为法律的腐蚀者，对他们恨之入骨，就像他们仇恨黑尔斯那样的政客一样。

圣殿区域占地六到七英亩，其位置是泰晤士河边风景秀丽的优良地段。叛军冲进圣殿区域，拆毁住宿房屋和各种建筑。他们爬上屋顶，揭下瓦片（这很讽刺，因为他们领袖的姓氏"泰勒"就是制瓦匠的意思），把屋顶拆到悲惨的光秃状态。随后，叛军强行闯入圣殿的圆形教堂。这座令人惊艳的建筑以耶路撒冷圣墓教堂为蓝本，其门廊拱顶尖锐的角度正是模仿了圣墓教堂的风格。叛军通过门廊进入教堂，找到了存放大部分贵重书籍、卷宗和纪念品的宝库。[1]这些物品是现行法律制度的最高象征，而在叛军眼里，这个制度竟然更信任契约和条令而不是社区传统，真是罪恶滔天。于是叛军兴高采烈地将宝库洗劫一空。他们怀抱着卷成筒状的羊皮纸从狭窄的门廊里一拥而出，把文档搬到大路上高高地堆起来，接着一把火烧成灰。这是英格兰法律体制的火葬柴堆，大路上又一次响起欢呼与呐喊。

这可不是无知之徒的恣意撒野。叛军在有意识地攻击法律行业，因为平民憎恨法律行业对他们的压榨和践踏，法律从业者用欺诈手段和书本知识欺侮平民，用不公的暴政取代了自然的公义。平民的报复手段很粗犷，但非常有效。

对圣殿区域的洗劫让广大叛军出了一口恶气。他们自从进入伦敦以来一直克制自己，没有大肆破坏。现在他们受到的约束松懈了一点，小群叛军开始在路上四处奔走，拆毁为法庭服务的职业密探的房屋，捣毁财物。若是用手不能捣毁的东西，他们就纵火焚烧。

圣殿的档案和立法者的房屋都成为篝火的燃料。下午接近4点的时候，叛军开始向他们的主要目标进军：萨伏依宫。[2]

叛军从标示城区边界的铁杆间穿过，进入了真正意义上的伦敦郊区，接着沿弗利特街一直走到河岸街。他们从一整排豪华的主教府邸前经过——埃克塞特主教府、巴斯主教府、兰达夫主教府、考文垂主教府和伍斯特主教府，还经过了河岸街圣母教堂和一连串较小的商店与房屋。这些建筑和高级教士的豪宅其实都属于兰开斯特公爵领地，因此都与冈特的约翰有所联系。但对叛军吸引力最强的还是萨伏依宫本身。他们从主教们的酒窖抢走了若干桶①葡萄酒，但除此之外没有对那些建筑进行破坏和劫掠，他们要把力气留在对公爵宫殿的进攻上。

农民军在抵达之后发现一些伦敦人已经先到了，因为他们特别憎恶冈特的约翰。当一波波埃塞克斯郡和肯特郡叛军闯入的时候，他们已经听到了宫殿内传来的喧哗，而且第一缕烟柱已经从萨伏依宫升向夏日午后的天空了。

对于从来没有见过萨伏依宫的叛军来说，这座庞大、宏伟而奢华的宫殿一定让他们屏住了呼吸。萨伏依宫作为英格兰最精美宫殿的名声可不是凭空得来的，它的造价高达约 35000 英镑，相当于整个英格兰军队四个半月的军饷。冈特的约翰的岳父用在百年战争的高潮阶段掳掠得来的财富建造了这座宫殿。雄伟的高墙将它与河岸街隔开。外墙之内有许多建筑，包括华丽的套房、大厅、一座私人礼拜堂、回廊、几间覆有茅草屋顶的较朴素的房屋和马厩以及一座鱼塘。宫殿的北门面向河岸街，南门面向泰晤士河。与河畔的所有豪宅一样，南门有码头可供公爵及其仆人从水路在伦敦城、威斯敏斯特和西恩②之间来往。

现在这些辉煌建筑都陷入混乱之中。萨伏依宫在河岸街一侧的门被摧毁，叛军在大路与宫殿园林之间横行。冈特的约翰正在北方执行外交使命，他留在萨伏依宫的仆人作鸟兽散，要么从河上逃跑，要么沿着通往查令村的路逃命，并尽其所能地带上了一张床和若干物件。至于那些留在宫中的财物就注定要遭殃了。不久之后抵达萨伏依宫的叛军毫不留情：家具、壁毯

---

① 此处的桶（tun）是英格兰的一个液体体积单位，用于称量葡萄酒、油或蜂蜜等。通常情况下一桶相当于 252 加仑。

② 西恩在今天大伦敦的西南部，是富裕的郊区里士满的一部分。

和各种财物都被堆在大街上，成了篝火的燃料。他们到处搜罗火把，点燃豪宅内的衣物、被单和床。公爵的一块价值1000马克的精美床头板被烧毁，一块用来铺在餐桌上的亚麻布被搬到大厅，点燃另一堆篝火。大厅因此着火。叛军还刻意把火引到豪宅的各个房间与套房里。

与此同时，在宫殿主要房间的下方，一伙由大约三十人组成的叛军找到了公爵的酒窖。在之前的袭击行动中，叛军恪守严格的行动准则，遵守肯特郡叛军与伦敦市民订立的契约，即不准劫掠财物，只允许消灭不义之财、腐败律师和叛国者。但现在，随着冈特的约翰的甜葡萄酒箱子和酒桶被打开，叛军开始了一场小规模的狂欢。大家纵情饮酒唱歌，打趣逗乐，并为他们周围的奢华建筑与陈设惊叹不已。

在酒窖上方，农民军和伦敦暴民继续破坏公爵的宏伟宫殿，并发现了越来越多令人惊叹的宝物。他们找到了成桶的金银餐具。有的器皿被拖到路边砸碎，有的被搬到河边的大门、扔进泰晤士河。叛军践踏珠宝首饰，将其碾进泥土里，以确保它们将来无法被修复或重新使用。暴民挥舞剑和斧子，把镀金的杯子砸得不成形状。无法用蛮力破坏或在篝火中熔化的东西则被丢进阴沟。随着人们的情绪愈发激动，有些暴民开始将冈特的约翰的部分财产据为己有。一小群人把一只价值1000英镑的装饰华美的箱子搬上小船运往萨瑟克，然后瓜分了战利品。但这种行为很快就遭到严禁。一名叛军企图将公爵衣柜里的一只银杯塞进自己的口袋但被人发现，接着此人便被抓住并丢进篝火，因为他违反了泰勒的严格指示：不要让具有象征意义的反抗堕落为窃贼的狂欢。这个窃贼被活活烧死了。泰勒向其他人发出严正警告：若是再有人胆敢偷窃，就是同样的下场。

受火刑的罪人的哭喊声盖过了燃烧宫殿里的喧嚣，这时突然发生了一场爆炸。烈火已经蔓延到宫殿的木制框架和院墙，削弱了它的结构强度，让叛军搬运公爵财物的行动变得更加危险。雪上加霜的是，叛军将三个木桶丢进了篝火，以为里面装的是金银，却没想到里面装的其实是火药。大火熊熊燃起。没过多久，宫殿的一部分就坍塌了。木料倾颓，石块轰然崩塌，酒窖入口被堵塞，三十名狂欢的叛军被困在里面。他们呼喊救命，但因为宫内太吵闹且众人心情激动，没有人听见他们的求救。

为了最后羞辱身在远方的冈特的约翰一番，他的一件精美华服被拿到街上。这是一件有衬垫和精美刺绣的上衣，这种衣物在当时被称为 jakke。叛军用一支长枪高高地挑着这件衣服，所有携带弓箭的叛军利用这个机会练习射靶。他们射出的许多箭矢刺穿了衬垫，毁坏了这件华丽而昂贵的衣服。在把它射得千疮百孔之后，叛军放下长枪，由暴民将这件华服彻底毁坏。虽然这不是公爵本人的身体，但也可以让仇恨他的人们发泄一通怨气。

由于火药爆炸，萨伏依宫很快倒塌了，现在它成了一片只能远观的废墟，不再是肆意破坏的目标。叛军开始分成多支部队。其中一群叛军沿着道路冲向查令和威斯敏斯特，又打开了威斯敏斯特的监狱。到这个阶段，所有为王国政府或市政府服务的人似乎都已经得到消息：抵抗是徒劳的。这群叛军在占领威斯敏斯特之后绕了一个很大的圈子，从郊区村庄回到新门，加入那里的混战。新门在伦敦城墙上距卢德门数百码处，这里的监狱也被攻占。肮脏的河畔地牢有一群流浪汉、重犯和债务人获得自由，他们从新门进入已陷于混乱的城区。

　　天色渐晚，河岸街沿线的大火越发猛烈，全城都能看见高高的烟柱，火光照亮了在清凉的夏季傍晚升上天空的闪闪发光的煤烟与灰烬。在萨伏依宫的酒窖，三十名魂飞魄散的狂欢者继续嚎叫着捶打将他们堵在地下的瓦砾。他们身边到处是酒，但他们早就没了欢庆的兴致。经过的人听见了他们的喊叫，但没人敢来帮忙，也没人愿意帮忙。次日早晨人们还听得见被困者的哭喊声。被世界抛弃了整整七天之后，酒窖里的人最终死于窒息抑或饥饿，无一幸存。

十　围攻

> 随后他们来到美丽的［克拉肯韦尔的圣约翰医院］修道院，将其中几座宜人的建筑烧毁。修道院遭到了令人恐怖的严重破坏……此时国王站在伦敦塔的一座塔楼上，看见萨伏依宫和克拉肯韦尔的修道院……都在熊熊燃烧。他将身边的贵族传唤到一个房间，向他们咨询在这样的危机当中如何是好。但他们都无计可施，或者不愿给出任何建议……
>
> ——《佚名编年史》

伦敦，6 月 13 日，星期四，下午 6 点

罗杰·赖盖特是一名巡回法庭的执行吏、为法庭服务的职业密探和职业律师。他也是个公认的恶霸，为了金钱可以不择手段，因此在伦敦发了大财。法律事业让他富得流油，他因此在伦敦城西郊拥有许多土地和房产，但法律事业也让他树敌颇多。他曾在自己土地周围的壕沟里安置害人的陷阱，并为此于1370 年代在弗利特监狱坐了两年牢。他也因此得罪了很多人。这天傍晚，他战栗着躲在大圣马丁牧者团教堂①内，认为自己的好

---

① 牧者团教堂（Collegiate church）是由非住院僧侣的神职人员（即所谓牧者，canon）维持的教堂，其组织机构类似于主教座堂（Cathedral），但没有主教常驻，也没有教区管理的职责。在宗教改革之前的英格兰，每个教区一般都有几座牧者团教堂，全国有数百座，大多在 1547 年爱德华六世在位期间推动宗教改革时被解散，只有少数牧者团教堂（如牛津大学、剑桥大学和伊顿公学的）维持至今。今天，牧者团教堂主要设在大学之内，因此常被误译为"学院教堂"。

运到头了。[1]

下午晚些时候，叛军分成若干股，向全城扩散。此时他们还有一定的组织性，仍勉强坚守着讨回公道而不是掳掠财物的原则，但他们已经不像之前在城外时那样紧密地团结一致了。到当天的这一时刻为止，民众的最大胜利是烧毁萨伏依宫，但在暴乱中也开始发生一些小规模的、比较卑鄙的趁乱报私仇的行为。许多伦敦平民热情洋溢地加入了农村叛军。暴民不是一个同质且统一的群体，人们参加叛乱的目的不尽相同，所以在更广泛的叛乱之内，还有一些人在了结私怨或者为自己报仇雪恨。[2]

在这个星期四，全伦敦恐怕也很难找到一个人愿意保护赖盖特并抵抗正在搜寻他的叛军。在叛军眼里，赖盖特代表着一切丑恶卑劣的品行。多年来，他利用不公正的裁决牟利，并与伦敦副治安官约翰·巴特维克等人勾结，阻挠、拖延并妨碍法律的正当程序，妨害了英格兰真正的、公平的治理。他对胆敢得罪他的人下手毒辣，有时甚至草菅人命。

现在轮到平民向他讨还旧债了。这天下午，赖盖特立下了遗嘱，撤离自己的宅邸，逃到大圣马丁教堂避难。他选择在这个地方躲藏的决定不算聪明，因为王室兴建的这座自由礼拜堂拥有永久避难权，所以众所周知，伦敦形形色色的地痞流氓和逃犯都会逃向这里。这座礼拜堂致敬的是14世纪的图尔主教马丁，他因把自己的斗篷割下一半送给乞丐而闻名。逃往大圣马丁教堂的人希望得到教会的保护，因为大家默认，任何人只要畏惧上帝与教会的怒火，就不敢侵犯教堂的避难所特权。

但赖盖特很倒霉。找到他的那群叛军相信，上帝在那一天站在他们这边，而不在大圣马丁教堂的教士那边。叛军冲进礼拜堂，看到赖盖特紧紧抱着主祭坛。他们抓住他，把他带到人头攒动的大街上。

叛军将赖盖特从大圣马丁教堂拖出去，沿着西齐普路一直拖到齐普赛，这是市区中心的一个交叉路口。他如果在被拖走的时候转向右侧，就能看见圣保罗大教堂的尖塔。这座约 450 英尺高的尖塔巍然屹立，伸向傍晚的天空，长长的影子向东投向灾祸重重的城市。

暴民拖着他抵达齐普赛之后停下了脚步。齐普赛是牛奶街、木头街和面包街的交叉口，是著名的供商贸、谈话、布道、汲水和公开处罚犯人之用的场所。赖盖特被推倒在地，围观群众渴望看到这样一个恶贯满盈的人受到惩罚。如果赖盖特睁着眼睛，那么他看见的最后景象或许是大街上的埃莉诺十字架，它有四级六角形阶梯，通向备受爱戴的埃莉诺王后的六座理想化的雕像——当年满心哀痛的爱德华一世下令建造了十二座这样的纪念碑，以标示她的遗体被从林肯运到威斯敏斯特教堂安息之地途中的十二个阶段。当赖盖特承受喧嚣与嗜血的暴行的时候，他或许想到了自己当天下午立的遗嘱。他在遗嘱中请求妻子埃玛"按照上帝的意志"处理他的遗体。也许恐惧和死到临头的惊悚让他脑子里想不到别的事情。没过多久，斧子落下，砍下了他的脑袋。他的脖颈喷出温暖而黏稠的鲜血，喷到齐普赛大街上。

随着城里的气氛越来越癫狂，叛军报复敌人的渴望越来越急迫，当晚共有十八人被斩首，赖盖特是其中之一。与此同时，在城墙外不远处，由农村叛军和城市暴民组成的大批叛军沿着霍本河向北开往克拉肯韦尔。这段朝向正北的路程大约有一英里。队伍里有手工匠人、仆人、学徒、农民和商贩，甚至还有一名为修道院长效劳的养鹰人。他们都急于重演对萨伏依宫的劫掠场面，进攻位于伦敦郊外田野中的耶路撒冷圣约翰修道院。

这座美观的修道院是医院骑士团在英格兰的家园。医院骑士团是影响遍及全欧的十字军骑士组织，为这座辉煌的建筑提供财富。它的地理位置极为优越，远离史密斯菲尔德的农田和马市。叛军经过了霍本，那里有属于赖盖特的几栋房屋全被叛军烧毁。他们还烧毁了沿途所有属于圣约翰医院的出租房，最后来到修道院门前。修道院的占地面积和圣殿区域差不多。叛军恣意活动，摧毁了修道院内的房屋。当他们离开时，修道院的很多附属建筑已被夷为平地。修道院燃起了熊熊大火，烧了整整一周才熄灭。

平民对黑尔斯及其所在的修会恨之入骨，他在成分复杂的叛军眼里是仅次于冈特的约翰的第二号恶人。他担任财政大臣的时间不长，但他有两重身份，一方面是一个极为富裕的修会的领导人，一方面又是在财政方面腐败无能的王室机构的领导人，所以他格外招人记恨。在城内和乡间，与他和他的修会有关联的产业全都遭到破坏和纵火。

此时黑尔斯正安全地躲在伦敦塔内，和国王待在一起。他在看到周遭的混乱与破坏时一定感到绝望，但至少王室要塞的厚墙还能保护他。一大群人聚集在伦敦塔外，呼喊要求再次觐见国王。城堡的石墙则用沉默拒绝他们，于是他们开始在伦敦塔周边展开围困行动。大部分暴民聚集在圣凯瑟琳医院的围墙之内，这家医院在伦敦城墙外，但与伦敦塔的东南角毗邻，就在塔山东半部分的山坡下。叛军在医院的花园里举头仰望庞大的白塔，在它周围是有城堞的高墙和瞭望塔，再往外则是伦敦塔深深的护城河。

伦敦塔的守军兵力约为一千两百人，但当晚的重臣会议充斥着犹豫不决、缺乏安全感和恐惧的气氛。对于下一步如何是好，与会者发生了严重的分歧。沃尔沃思市长在理论上控制着伦敦城民兵，但现在很多伦敦本地暴民加入了叛军，所以他不确定能否从市民当中集结一支可靠的部队去驱逐叛乱者，还担心这么做可能会刺激叛军、让他们更加疯狂地进行破坏，令局势进一步失控。圣凯瑟琳医院里的叛军正吵闹着要求交出重臣会议里的叛徒。这股叛军似乎打算在那里安营扎寨。前所未有的乱局令整个政府机构陷入瘫痪，被围困在伦敦塔里的贵族束手无策，只能观察周围的恶劣局势，在绝望中越陷越深。

当晚，理查二世在没有得到身边大臣建议的情况下独自来到伦敦塔东侧一座小塔楼的顶端，俯视下方盘踞于医院庭院内的子民。他在观察他们的时候没有受到年纪较长的大臣们的影响，所以也许能认识到，叛军表达的朴素的忠君思想不是虚伪的甜言蜜语，而是对其世界观的真诚表达。他们只对国王一人保持恭敬，这迎合了他逐渐增长的自尊心。理查二世在前一天就想和罗瑟海斯的叛军谈判，但索尔兹伯里伯爵、萨德伯里和黑尔斯谨慎地劝阻了他，导致局势恶化。如果再支吾搪塞下去，也许伦敦的天际线上会出现一根新的烟柱。他从塔楼上可以看见，另一个方向上的萨伏依宫和圣约翰修道院都在燃烧。而如果伦敦塔陷落，萨伏依宫和圣约翰修道院的恐怖命运也就不算什么了。唯一有可能打破这一困局的办法是与叛军谈判。

于是，理查二世决定尝试亲自掌控局面。他派遣信使去圣凯瑟琳医院给叛军提议：在那里扎营的所有人都安静地各回各家，理查二世愿意宽恕他们到目前为止犯下的所有罪行。

理查二世或许觉得这是一桩合理的交易，但当信使来到叛军面前宣布国王的建议时，他遭到了叛军的嗤笑。这一天的烧杀破坏和叛乱的凶猛势头让此时的叛军远比在罗瑟海斯的时候更为强势。他们提出的撤离条件是：将伦敦塔内的叛国者交给他们，并授予他们免除一切形式农奴制的文书。

理查二世左右为难。交出自己的导师与顾问们的要求显然不可理喻。萨德伯里是为他加冕和涂抹圣油的人，而黑尔斯是医院骑士团这样一个威望极高的神圣修会的领导人。但为了挽救伦敦塔，他必须做一些让步。他要尝试的策略是默许。他命令书记员准备一份法案。

不久之后，圣凯瑟琳的叛军惊奇地看到两名王室骑士带来了一张盖有御玺的羊皮纸。大家腾出地方，给一个识字的人搬来一把椅子。他站在椅子上，向人群宣读十四岁的国王直接给他们发来的消息：

"英格兰与法兰西国王理查二世，"他读道，"向他的善良平民表示由衷感谢，因为他们如此热忱地希望见到国王并维护他；他宽恕他们到目前为止犯下的一切冒犯与罪行；希望并命令所有人尽快回家。"[3]

这和之前信使转达的承诺一样。国王对平民的问候和感谢也是客套话，并不能让赦免罪行的承诺成为有效的谈判砝码。但国王的信还没完：

他希望并命令所有人以书面形式申报自己的冤情，并呈送给他；他会在忠实的贵族与优秀的重臣会议辅佐下，作出对国王本人、诸位贵族和整个王国有益的补救措施。[4]

这是礼貌的搪塞。国王的提议没有一项能让平民满意，而最让他们憎恨的事情之一就是政府的这种将事务付诸书面形式的倾向。国王显然不愿亲自与他们打交道，而是要求他们回家写申诉书。这不但不能让人满意，甚至是一种侮辱。

人群开始怒吼起来，他们说国王的书信内容不痛不痒，是对他们的嘲弄。晚间的短暂平静结束了，叛军开始回到市区，呼喊着要处死所有律师、会写法律文书的人，乃至会写信的人。第一批受害者的房屋开始起火，恐怖暴行、谋杀和血腥的报复在全城继续上演。伦敦乱作一团。这将是充满混乱的一夜。

年轻的国王站在伦敦塔高耸的塔楼上，绝望地看着城里升起了又一片火焰。他再次召集身边的贵族，要求他们给出建议。他们必须平息反叛暴民的怒气，在天亮之前想出紧急行动的方案。

十一　作战会议

这群人接近伦敦，来到圣约翰医院院长属下的一座名叫海布里的庄园附近时，看到了两万名农夫和平民。他们纵火烧毁了该庄园的房屋，火势已经太大，没法扑灭了。他们还企图用各种工具拆毁不怕火烧的房屋。我亲眼看见有些人被强迫来到叛军的领袖之一"约翰·斯特劳"面前。他让他们承诺忠于理查二世国王和平民。

——托马斯·沃辛厄姆

圣奥尔本斯，6月14日，星期五，凌晨4时

破晓之前天色依旧朦胧，圣奥尔本斯修道院的僧侣正在做晨祷。他们在此时听见一阵嘈杂的脚步声，那是有人正在进城。这座小小的修道院城镇位于伦敦以北仅25英里处，修道院院长和市民对伦敦叛乱的进展了如指掌。这几天，圣奥尔本斯镇上的气氛十分紧张，叛乱的消息让市民受到鼓舞，想要拿起武器反抗修道院地主的统治。

现在，在凌晨的冷风中，第一批叛军信使在罗马古道上迈着沉重的步伐，从巴尼特来到了圣奥尔本斯。他们行走了一夜，前来宣扬他们在基督圣体节取得的光荣胜利，讲述伦敦城揭竿而起、贵族四散逃命、郊区燃起熊熊大火的故事。

这些从巴尼特赶来的信使来自埃塞克斯郡叛军的地盘，并自称可以代表叛军最高层。他们说，叛乱正在扩散；伦敦塔内

的叛国者已经被包围。行动的下一阶段即将开始。信使要求圣
奥尔本斯和巴尼特的居民立刻起事，与聚集在都城及其周边的
忠实平民会合。他们要求镇上所有人都用合适的兵器把自己武
装起来，并立刻赶往伦敦；如果他们愚蠢地拒绝，就将有 2 万
叛军抵达并强迫他们加入，把圣奥尔本斯这座古罗马时代留下
的定居点烧成瓦砾堆。

叛军信使的叫嚣扰乱了僧侣的晨祷，吓得他们瑟瑟发抖，
但信使其实无需用纵火和强迫入伙来威胁圣奥尔本斯居民，因
为他们已经被叛乱的热情感染了。修道院院长托马斯·德·
拉·梅尔立刻督促所有镇上的居民和修道院佃户无分僧俗全部
前往伦敦，以安抚疯狂的叛军，令圣奥尔本斯免遭毁灭。市民
兴高采烈地集合了起来。他们对僧侣有很多怨言，所以热情地
响应叛军信使的召唤。

黎明时分，一支军容奇异的乌合之众从圣奥尔本斯出发
了：僧侣在晨间的冷风里发抖，他们惊愕地摇着头，哀叹这是
充满苦难、折磨、灾祸与悲伤的一天[1]；市民则对为叛军助
阵一事颇感轻松。他们沿索普威尔街向东南行进，从通常用于
悬挂死刑犯首级的长杆前经过，然后走出了圣奥尔本斯，向巴
尼特和更远方的伦敦进发。

由圣奥尔本斯僧侣和居民组成的队伍逐渐接近伦敦城，来
到海布里庄园附近。海布里是伦敦城北的一个小村，当地的地
主就是财政大臣黑尔斯。当圣奥尔本斯的队伍接近这里时，他
们首先一定闻到了木材燃烧的烟味。然后他们便能听见一大群
人发出的喊声。走近之后，他们会看到一支规模庞大的叛军正
围在一些起火了的豪宅四周。聚集在这里的叛军似乎有 2 万之
众，他们正自豪地欣赏着自己的战果。石制宅邸被叛军占领，

农庄和谷仓则被烧毁。

在这里领导破坏行动的是杰克·斯特劳。叛军分成三大股之后，斯特劳指挥其中一股，负责攻击叛国者在郊区的产业。圣奥尔本斯等城镇和村庄接到的召唤可能就是他发出的。斯特劳显然很享受当领袖的感觉，开始以小暴君的傲慢与狂热对别人发号施令。他把人们传唤到自己面前宣誓效忠。圣奥尔本斯的人们抵达伦敦附近之后就被叫到他面前，并被要求宣誓效忠"理查二世国王和平民"。

斯特劳的领导风格反映了叛军高层越来越强的自信心。他们率军来到伦敦，获得了市区平民的支持并成功入城，犯下累累罪行而丝毫不担心受罚；他们还烧毁了英格兰最辉煌的宫殿，把齐普赛变成处决敌人的恐怖刑场，把王室围困在伦敦塔内，并在与王室打交道的过程中稳占上风。他们的策略非常成功，再加上约翰·鲍尔对于美好未来的宣讲，他们的野心愈发膨胀。

黎明时分，伦敦塔周围响起了比信使的脚步声更令人胆寒的噪音。之前的一整夜里，驻扎在圣凯瑟琳的叛军不断发出吆喝和呐喊。其中很多人痛饮伦敦平民提供的酒水，大吃他们在前往伦敦塔途中掳来的食物。有的叛军吃饱喝足之后就在黑暗中打鼾，也有人大呼小叫，仿佛魔鬼就在他们当中。[2]因为领袖距离他们不远，他们满怀自信，设想了形形色色的离奇计划：有人说要继续宿营，等待国王来见他们，然后他们就可以和国王拥抱，因为他是主公，而他们是忠诚的臣民；有人说要抓住大法官萨德伯里，命令他交出之前五年征税的账目，他若是拿不出让人满意的答复，就死定了。

在伦敦塔内，这一夜的气氛自然高度紧张。理查二世的群臣之间分歧严重。伦敦的富裕市民，即沃尔沃思市长一派，咄咄逼人地主张对叛军采取强硬态度。在私下里，他们在看到冈特的约翰的财产被毁、约翰的仆人因为害怕暴民而隐瞒自己的身份时，或许还有些幸灾乐祸。但比这更重要的是，沃尔沃思等人与冈特的约翰毕竟还有一种阶级认同感。农村和伦敦城的平民现在对私有财产构成了威胁，他们既然已经在纵火攻击属于兰开斯特公爵、圣约翰医院和伦敦法律界人士的财产，那么谁能担保他们不会攻击伦敦城特权阶层的宅邸呢？沃尔沃思市长在萨瑟克的财产已经遭到损失。沃尔沃思和他的两位最显赫的同僚尼古拉斯·布雷姆布利与约翰·菲利波特（伦敦头号巨商）的巨额财富和地产一定会成为满心嫉妒的伦敦暴民的攻击目标。如果暴民对部分贵族的怨恨演化为对所有上层人士的敌意，那么市政厅也很可能被烈火吞噬。

沃尔沃思的派系为自己的财产和伦敦城的治理担忧，所以他们在夜间的辩论期间竭力敦促国王干脆利落地狠狠镇压叛军。沃尔沃思、布雷姆布利和菲利波特都曾积极参与伦敦的城防事业。菲利波特甚至在 1378 年自费组织了一支海防部队，打败了苏格兰的海盗船。他们可不是软弱无能的财主，而是手段强硬的商业寡头，在保护自己的经济利益时可以轻易地诉诸冷酷的武力。而现在，他们的利益受到了史无前例的威胁。沃尔沃思主张，现在很多叛军已经烂醉如泥，不妨从伦敦塔兵分四路，从四个不同的城门占领城市，然后趁叛军酣睡的时候围歼他们。沃尔沃思直言不讳地说，叛军装备很差且大醉不起，杀死他们一定就像打苍蝇一样容易。

沃尔沃思还说，老将罗伯特·诺尔斯爵士正在家中摩拳擦掌，守护着自己的财产，并随时准备带领120名装备精良的手下出动。诺尔斯是久经沙场、名望极高的老将，他出身自耕农，在对法战争的前线拼杀了三十五年，屡建战功，获得了大笔财富，所以与伦敦城有紧密的联系。伦敦各地都有他的财产。他在圣潘克拉斯有庄园，在伊斯灵顿、北面的肯蒂什镇、巴金和东面的万圣教堂附近以及跛子门外圣吉尔斯教堂附近（距离齐普赛的刑场很近）有房屋，所以他能密切地监视城墙内外的叛军活动。他曾参加过本世纪好几场最血腥的战斗并幸存下来。在他的领导和著名的法兰西骑士佩迪卡·德·阿尔布雷爵士的辅佐下（若有必要，阿尔布雷也能指挥一支忠诚的队伍），他们也许就能一鼓作气，快速、血腥地剿灭越来越癫狂的叛军。

随着叛军的活动在晚间暂时消停下来，沃尔沃思的计划显得颇有吸引力。自5月底布伦特伍德叛乱的最初消息传到伦敦以来，政府欠缺的就是这种果敢大胆的行动。但理查二世的大部分谋臣都认为沃尔沃思的夜袭提议风险太大，没有多少胜算。大家越来越清楚地看到，叛军并不只是一支占领伦敦的侵略军，他们的行列中既有农民也有市民。这一点在叛乱早期平民纷纷打破社会契约、将为贵族领主服务并效忠的义务抛诸脑后时，便可从他们不断增长的人数中察觉出来。所以国王身边比较谨慎的意见压倒了沃尔沃思、布雷姆布利与菲利波特的主张，认为在确保伦敦平民忠于国王之前不可对叛军用兵。

索尔兹伯里伯爵也是爱德华三世时期的老将，与诺尔斯年纪相仿。他是主张谨慎行事的派系当中最主要的人物之一。自从星期三下午陪同理查二世去布莱克希思以来，索尔兹伯里伯爵给国王的建议都十分敏锐。现在他主张与叛军讲理。他对围城战有经验，曾在八年前只凭谈判便为布雷斯特解围。但他也肯定不是一个天性过于谨慎的人，在三十五年的军旅生涯中他曾歼灭过比当前的叛军强大得多、组织也更为有序的敌军。他给年轻国王的建议是，在当前的情况下，最好答应叛军的全部要求，以公平的姿态安抚他们，软化他们的斗志。否则王室一方可能就会被卷入一场寡不敌众的混战，最终酿成大祸，乃至令王朝断绝。

最后，国王听从了索尔兹伯里伯爵的建议。国王的父亲十几岁时就领兵在克雷西作战，但理查二世不是一个像父亲那样早熟的军事家，也缺乏经验和勇气，所以不愿冒险出兵。主张谨慎行事的派系以大贵族为主，他们的地位比沃尔沃思高，所以沃尔沃思只能暂时作罢。当伦敦塔内的人们安顿下来休息的时候，叛军中有的人仍在作乱，有的人则开始睡觉。国王等人决定，天亮之后就要结束此次叛乱。

十二 麦尔安德

那时农民军分成三股，其中之一（如我们所见）忙着摧毁海布里庄园，第二股在伦敦一个名叫"麦尔安德"的地方等候，而第三股占领了塔山……国王深陷窘境，允许叛军进入伦敦塔并恣意搜查最隐秘的地方……

——托马斯·沃辛厄姆

麦尔安德路，6 月 14 日，星期五，早上 7 时

这是本周以来头一次出现的景象：人流自西向东穿过阿尔德门离开了伦敦，而不是自东向西进城。大批来自乡村的人马拥挤着走出这座古城门，重新回到伦敦城外用于夏季游乐竞技的旷野上。

是理查二世让他们去那里的。前一天夜里，叛军在伦敦塔外喧哗，而他在伦敦塔内与谋臣神经紧绷地商议了大半宿，最后鼓起勇气，积极地采取行动。他采纳的政策结合了索尔兹伯里伯爵的精神（小心谨慎地与叛军谈判）和沃尔沃思的渴望（直接面对叛军）。他命令市长让伦敦的治安官和市议员向各辖区宣布，所有十五到六十岁的人都应当离开城市，前往麦尔安德，于 7 时在那里与国王见面。

这个主意简单明了。对国王来说，麦尔安德就在伦敦塔东北方，骑马去那里很方便。麦尔安德相对于城区仍处在安全距离之内，但这一距离也足以让那里成为一片中立地带。理查二

世希望叛军也会视麦尔安德为比较熟悉和安全的地点。在叛乱的第二周，埃塞克斯郡叛军在那里设立了根据地，所以他们也许会觉得国王是遵循他们的条件前来的。如果理查二世能以自己为诱饵把叛军引开，那么伦敦塔的围困就解除了，重臣会议的一些成员或许有机会逃走。他们指望叛军更想见国王而不是杀死他的追随者。

于是理查二世带领一大群骑士和贵族离开了伦敦塔，只留下那些最有可能被叛军刺杀的人。在当前的危急时刻，国王身边的人不算多。他的两个同母异父哥哥托马斯和约翰·霍兰骑马陪着国王，另外还有沃里克伯爵、牛津伯爵，以及牛津伯爵的亲戚，负责携带御剑的奥布里·德·维尔爵士。两名军人罗伯特·诺尔斯爵士和托马斯·珀西爵士以及市长跟在后面。队伍的后方，肯特的琼安太后（理查和霍兰兄弟的母亲）坐着马车，而没有骑马。

理查二世或许想扮演救世主的角色，带领他的全体人民走向应许之地，但他们刚走出伦敦塔就发现，他的人民不愿意成全他。成群结队的叛军站在街上，叫嚷着发出威胁，王室一行不得不在人群中强行挤出一条路。叛乱结束十八个月后治安官撰写的报告记载道，伦敦叛军头目托马斯·法灵顿挤到国王御前，伸手去抓理查二世的马缰绳。法灵顿表现得极其粗暴无礼，对国王怒吼，要求向"那个虚伪的叛徒，那个修道院长"（指的是黑尔斯）复仇。把财政大臣留在伦敦塔里显然是明智的。黑尔斯因为自己的官职和地位而广遭憎恨，但据说法灵顿对他另有私怨，因为两人之间有财产纠纷。当理查二世骑马缓步走向城市边界时，法灵顿对国王说，即使王室不肯补偿他，他现在"也已足够强大，能够为自己讨回公道"。[1]

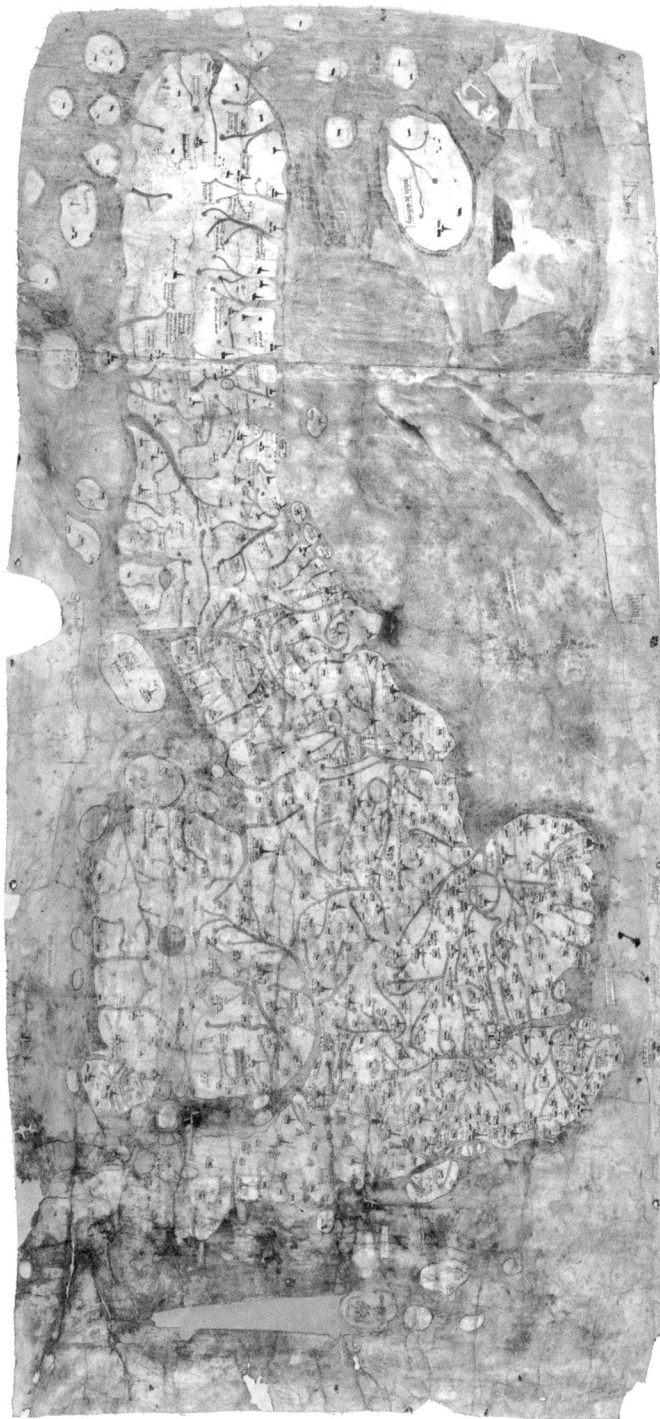

Gough 的 不 列颠 地 图，约 1360 年。到 14 世纪，英格兰普通民众已经认识到自己的国家是一个整体，会为了捍卫祖国的利益而战斗。

畜养绵羊的场景。羊毛贸易是英格兰经济的重要组成部分，在 1381 年叛乱的核心地带（即英格兰东南部）尤其如此。

描绘农民乘坐收割庄稼的大车旅行的手抄本页边绘。叛乱迅速蔓延的一个重要原因是叛军能够在乡村快速行动，他们要么骑马，要么乘大车。

正在播种的农民。以农业为中心的生活节奏和节日习俗依然主宰着英格兰的乡村社会。

18: qui fingis laborem in precepto.
aptabunt in animam iusti: + san
inem innocentem condempnabit.

赶牛耕地。黑死病之后的世界有许多机遇，但耕种土地仍然是非常艰苦的生活。

Os habent + non loquentur: oculos
habent et non uidebunt.
Aures habent + non audient: na
res habent et non odorabunt.
Manus habent + non palpabunt:
pedes habent + non ambulabunt.
non clamabunt in gutture suo.
Similes illis fiant qui faciunt ea:
+ omnes qui confidunt in eis.
Domus israel sperauit in domino:
adiutor eorum + protector eorum est.
Domus aaron sperauit in domino:
adiutor eorum + protector eorum est.
Qui timent dominum sperauerunt

描绘厨师工作情景的手抄本页边绘。下层阶级的人们经常在吃饭时间交换信息和思想。

集体收割谷物的农民。乡村社会需要人们互相帮助和配合，中世纪英格兰的乡村社区非常团结有力。叛乱是通过现有的乡村结构传播的。

在庄园管理者的监督下收割谷物的农奴。

杰弗里·乔叟。1381年叛乱发生时，他住在伦敦的阿尔德门附近，描写了泰勒叛军屠杀佛兰德人时的恐怖喧嚣。

Reeve. Chaucer. Clerk of Oxenford. Cook. Miller. Wife of Bath. Merchant. Parson. Man of Law. Plowman. Physician. Franklin. 2 Citizens. Shipman.

CHAUCERS CAN

Painted in Fresco by William Blake & by him En.

冈特的约翰，兰开斯特公爵。伦敦城的权贵和普通叛军都鄙视他。

19世纪的威廉·布莱克对去坎特伯雷的朝圣道路的描绘。1381年泰勒的叛军正是沿着这条道路向布莱克希思进发。

（左上）伦敦市长威廉·沃尔沃思的浪漫化肖像。他非常富有，是一名水产商人，也是寡头。

（右上）莱斯尼斯修道院。这是埃塞克斯郡和肯特郡叛军第一批攻击目标之一。该修道院在亨利八世时期被解散和摧毁。

理查二世，金雀花王朝主系的末代国王。他的统治受到叛乱、政治阴谋、战争失败和政体危机的困扰。这是一幅作于16世纪的肖像，现藏于英国国家肖像馆。

约翰·鲍尔领导叛军反对政府。这是让·傅华萨《编年史》当中一幅理想化的插图。傅华萨详细描写了此次叛乱。

一幅绘制于 1390 年前后的理查二世全身像，现藏于威斯敏斯特教堂。

国王会见他的臣民。1381年6月12日，星期三，理查二世在罗瑟海斯试图与泰勒叛军谈判。

萨伏依宫。这幅画作于17世纪，设想了这座宫殿在1380年的风貌。

19 世纪书籍中表现 1547 年都
铎王朝爱德华六世即位礼队伍
从齐普赛的埃莉诺十字旁经过
之场景的插画。埃莉诺十字是
爱德华一世在 1290 年代为纪
念王后埃莉诺的遗体从林肯到
威斯敏斯特教堂安葬的旅程而
修建的一系列纪念碑，其中位
于伦敦城内齐普赛的那座纪念
碑在 1381 夏天见证了一系列
血腥的公开处刑与暴行。这座
十字架曾在 1441 年受到大幅
修缮，最终于 1643 年在英格
兰议会打倒偶像崇拜的运动中
被拆毁。

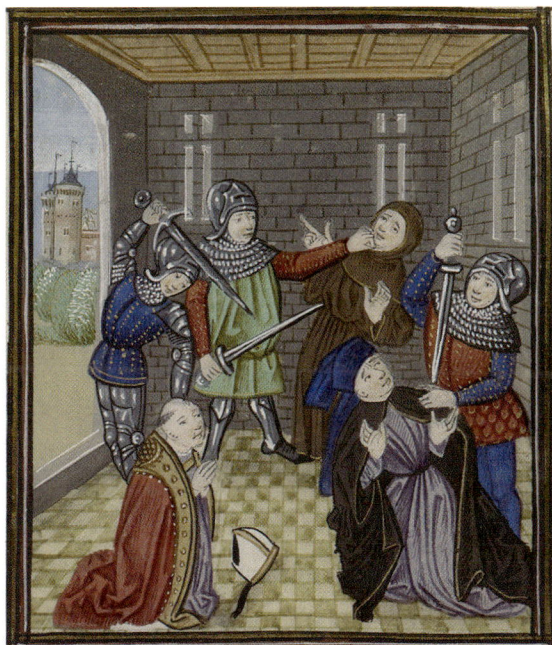

萨德伯里和黑尔斯被杀。这幅画
与民间流传的托马斯·贝克特遇
害的图画有相似之处。贝克特也
是一位死于谋杀的大主教。

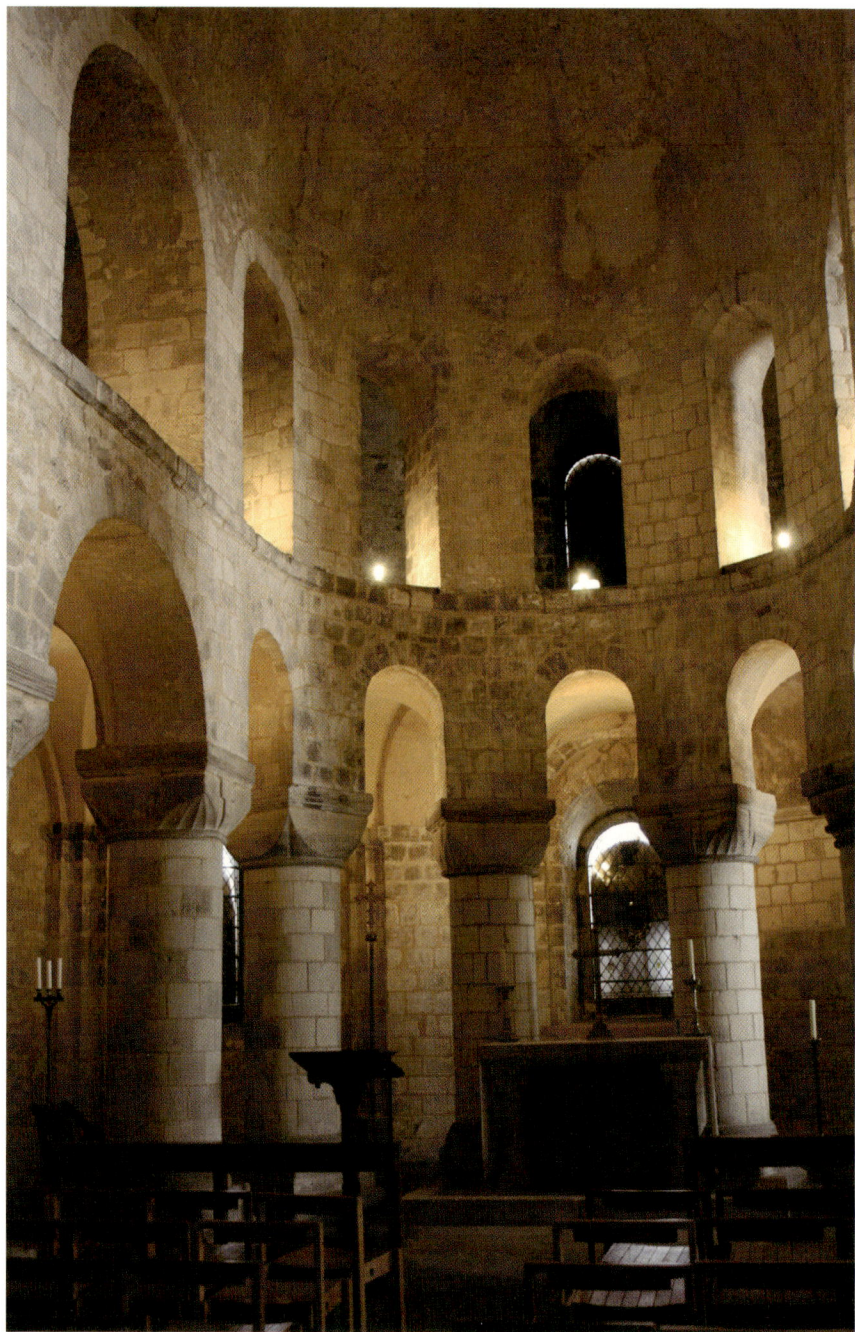

伦敦塔的福音书作者圣约翰礼拜堂，1381 年 6 月 14 日大主教萨德伯里被叛乱者俘虏的地方。这里至今仍保留着 11 世纪以来的诺曼式风格。（来源：Michael Wal）

史密斯菲尔德的大摊牌。泰勒（左下着红衣佩剑者）被斩于马下。随后年轻的国王（右上）向叛乱臣民讲话，命令他们解散。

傅华萨《编年史》中描绘的泰勒之死。

19 世纪画家描绘的泰勒之死。在很多艺术家眼中，这是英格兰历史上一个具有关键意义的悲剧时刻。

亨利四世国王。他是冈特的约翰的儿子、理查二世的堂弟。伦敦塔的一名机警的卫兵救了他的性命。

约翰·高尔。记载 1381 年叛乱的悲观诗人。他目睹了暴乱,并详细记述了其过程。

受到骚扰的不止理查二世一人。一个叫威廉·特鲁曼的啤酒酿造商看见沃尔沃思的盟友尼古拉斯·布雷姆布利在王室队伍中，就开始叫嚷着威胁他。特鲁曼也许是在警告布雷姆布利，他在城里的奢侈生活和财富会受到威胁，因为当天晚些时候特鲁曼去了布雷姆布利的房屋，凶神恶煞地向那里的居住者敲诈钱财。

这种行为理应令人忧虑。叛乱的主要目的是抗议国内的恶政，但越来越多的人为了鸡毛蒜皮的争吵和嫉妒而加入叛军，所以叛乱的动机开始显得不那么纯粹了。气势汹汹的群众令王太后无法忍受，她的马车不得不调头返回伦敦塔躲避。不过在这纷乱的场面之下，理查二世似乎还是保持了君王的镇静自若。

抵达麦尔安德之后，理查二世及其追随者又一次看见了人山人海的臣民因为他的驾临而喧闹。这里除了伦敦本地的暴民还有来自各郡的游荡群众，来自埃塞克斯、赫特福德和萨福克的平民三教九流也专程赶来参加这场闹剧。

理查二世每次见到的叛军都比之前一次更显肮脏凌乱。此时叛军仍然仿照王军，聚集在若干军旗和燕尾旗周围，但在国王眼中，即便与两天前在罗瑟海斯时相比，此时的叛军也更加寒酸且涣散。两天的户外露营，再加上在伦敦的酗酒享乐和在燃烧的房屋当中举行的狂欢，一定让他们露出了一副浑身邋遢且宿醉未消的模样。他们用木棍和长枪高举着形形色色的战利品，其中有两本书被挑在人群上方，这或许会让理查感到惊诧。这两本书属于英格兰东海岸的海军司令埃德蒙·德·拉·梅尔。一群取道本郡东海岸来到伦敦的埃塞克斯郡叛军偷走了它们，并把书插在一支长柄草耙的两个尖叉上。这里的叛军吵闹不休、杂乱无章。整个上午，麦尔安德周边的房屋都遭到攻击，不同群体的叛乱者之间开始发生冲突和斗殴，当天至少有一名肯特人被杀。[2] 理查二世在看到他的这些子民（他们现在是一群忠君但邋遢的暴民）时，一定很难对他们抱有仁爱之心。他心中的感觉更接近厌恶。

理查一定也开始感到忐忑不安，因为叛军的一些重要人物并不在场。王室的队伍缺了一些人，叛军的队伍也不完整。泰勒、鲍尔和斯特劳都不在。[3] 如果理查二世向在麦尔安德的民众询问，他会发现此地的暴民并不能代表全体叛军。最激进的叛军人物都不在场。他们留在伦敦，徘徊在伦敦塔附近，密切监视要塞内的动向。

但对已经抵达麦尔安德的平民来说，他们等待的时刻终于到了。在麦尔安德的叛军当中最重要的领导人来到理查二世面前，屈膝下跪。他们背后人群的上方有表达他们忠诚的旗帜在飘扬。对他们来说，这一定是人生中最重要的时刻。除了最有权势的权贵之外，大多数人心中的国王始终是个神秘莫测的图腾。所以能够来到国王面前，得到他的允许走近，并无拘无束地与他探讨他们在世间的位置以及他的统治，这一切对他们来说是无法想象的殊荣。

理查二世问他们的诉求是什么，他们缺少什么东西，为什么要来伦敦。对方的回答直白而真诚。他们要求为农村颁布一份司法宪章。他们请求国王赋予他们、他们的土地和继承人永久性的自由权利。他们请求国王让英格兰的所有人获得自由，让未来的人也不再受到农奴制的禁锢。他们还具体地要求土地租金不得超过每英亩 4 便士，这将限制地主的经济实力，彻底终结地主通过地租、封建和半封建税费、庄园法庭、王国法庭以及王国政府的税收体制等手段从农民手中榨取金钱的恶行。最后，他们要求让劳动者获得自由，任何人都不能强迫其他人劳动，除非订立一份定期接受重审的契约。[4]

农民军和城市暴民在掌控伦敦之后犯下累累暴行，制造了歇斯底里的气氛，但他们在这里提出的要求却清晰而理智。他们没有要求处死某些贵族，也不要求清洗政府人员，而只是用单纯却合理的言辞请求国王保证他将阻止农奴制以法律形式死灰复燃，并建立法律机制来保护自由劳动者的权益。总的来说，他们反对的不是农奴制本身，而是农奴制的潜在威胁，以及英格兰平民的权益遭到（本应保护他们的）王国法律践踏的现状。在麦尔安德的农民简明扼要地向国王禀报了他们的不满诉求，他们提出的要求也是合理且克制的。这些请求的基础是他们对自然公义的简单理解，但这些请求足够务实，在现状之下不算不堪设想。

理查二世即便对叛军请求的大胆抑或明晰感到惊讶，他也没有表露出来。他来麦尔安德的真实目的不是谈判，而是调虎离山。这天上午不管叛军向理查二世提出什么要求，他都可能会同意。他和随行人员之所以来到麦尔安德，纯粹是为了用绥靖政策笼络相当一部分叛乱者的人心。叛军并没有全部撤离城区，这让国王感到不安，但叛军也没有强迫他接受任何激进、不切实际或者疯狂的要求，这让他松了一口气。

为了奖励站在他面前的平民，国王让他们排成长长的两列。他们开始排队的时候，理查二世命令部下向众人宣布，他会保障他们要求的自由，并用盖有御玺的特许状作为担保。如果他们想要自由，只需排队等待领取新的自由特许状。

如果理查二世在麦尔安德的演讲到此为止，他便能令局面尽在掌握，原本可能酿成大祸的叛乱也将无声无息地得到平定。

但理查二世还有别的话要说。也许是为自己用一席话就安抚了叛军感到陶醉，或者因缺乏谈判经验而冲动地想要做更多妥协，他竟然告诉平民，除了授予他们特许状之外，国王还允许他们自由地在英格兰全境抓捕叛国者，并将他们押到国王面前，交由法律的正当程序来审判。

他这么说就抵销了刚才取得的全部进展。国王身边的人没能发挥应有的作用，居然允许他主动许下这样不寻常且极具煽动性的承诺。这是个极为严重的错误。叛军提出的要求其实相对保守而克制，而他自己却提出了如此极端的主张，这一下子改变了叛乱的性质。宣称国王批准他们抓捕与叛军为敌之人的消息在人群中快速传播，几乎立刻就有叛乱者离开麦尔安德，加入正在保卫塔山的叛军。众所周知，"叛国者"就躲在伦敦塔内，既然现在国王都批准逮捕他们，那就只有伦敦塔的吊桥能救他们一命了。

大呼小叫的叛军队伍一边宣讲着刚才发生的事情，一边离开麦尔安德，秩序再次陷于混乱。看到这一景象，理查二世一定衷心希望萨德伯里和黑尔斯，以及被困在伦敦塔的其他所有人，包括王太后和国王年轻的堂弟德比的亨利，都已经乘船逃到泰晤士河上。但他并不知道这些人有没有逃出伦敦塔。他的言论相当于允许叛军随意攻击伦敦塔，现在他只能指望伦敦塔内已经空荡无人。国王一行人返回市区，前往位于贝纳德城堡的新驻地。他们一定都在祈祷，希望伦敦塔能够守得住。

十三　伦敦塔

过了一会儿，刽子手们呼喊着走进来："那个叛国者在哪里？祸害百姓的恶人在哪里？"大主教面无惧色，答道："我亲爱的孩子们，你们来了；看吧，我就是你们要找的大主教，但我不是叛国者，也不是恶人。"那些恶魔的走狗看见他，就伸出邪恶的手去抓他，把他从礼拜堂拖走了……

——托马斯·沃辛厄姆

伦敦塔，6月14日，星期五，上午9时

在传福音者圣约翰礼拜堂，空气中弥漫着焚香的浓重气味，忽闪的烛光将厚重的石墙照得影影绰绰。在一名唱诗班歌手的庄严歌声伴奏下，萨德伯里大主教镇静而快速地吟诵着拉丁文赞美诗，他的嗓音回荡在礼拜堂内。[1]

这是萨德伯里在当天做的第二次弥撒。第一次是天未亮在国王御前做的。随后他聆听了财政大臣黑尔斯和内廷其他人的告解。之前祈祷了一夜的萨德伯里此时一定很疲惫。也不是只有他一个人感到劳累。理查二世及其随员离开伦敦塔的时候个个心情压抑，他们就这样闷闷不乐地去与麦尔安德的叛军摊牌。而留在伦敦塔的人则不得不面临逃出围城的不确定性：随着时间流逝，这座要塞的防御似已越来越难以维持。

星期三的晚上，萨德伯里曾坐在国王的御船上前往罗瑟海

斯，目睹人山人海的群众向年轻的国王呼喊，要求处决大主教。从那时起，萨德伯里就知道在国王身边的所有人当中，他自己面临的危险最大。从坎特伯雷到萨瑟克，他的财产和宫殿遭到恣意破坏。在叛军打算处死的叛国者黑名单上，他的名字仅次于冈特的约翰——当他在布莱克希恩的交涉现场看到这份名单以书面形式出现时，一定感到一阵恶心。众所周知，叛军怪罪他和黑尔斯把充当军费的税款挥霍一空。而且叛军在伦敦街巷和郊区肆虐时也表达出了一种针对教士的潜在敌意，他们在追捕仇敌时对教堂作为避难所的神圣不可侵犯性不屑一顾。聪明的萨德伯里一定清楚，如果被叛军抓住，自己绝不会得到宽待。

此时，虽然礼拜堂内气氛平静，悲惨的噩运已经距离他不远。浑身汗臭与尘土的叛军凶相毕露，在塔山绿油油的草地上自鸣得意地踱来踱去，他们距离正在借着蜡烛的烟气和火光祈祷的萨德伯里只有一箭之遥。萨德伯里对外面这群叛军的罪魁祸首很熟悉。他就是约翰·鲍尔。

萨德伯里一定已经认识到，命运把自己交到鲍尔手里是何等的讽刺。萨德伯里和鲍尔是多年以来的老对手了。在萨德伯里担任圣职期间，鲍尔如同生命力旺盛的野草一般，不断出现在教堂、墓园、市场和大路上，他在全国漫游，宣讲危险的、离经叛道的平等观念。他用农民口头文学那种近乎神秘主义的话术宣传自己的理念，这种话术既有丰富而神秘莫测的寓言，也有传统歌谣的韵律。他就这样把听众吸引到叛离正统基督教的陷阱里。不管萨德伯里多么努力地镇压鲍尔，鲍尔总是能卷土重来。鲍尔没有像牛津大学惹是生非的教师约翰·威克里夫那样深邃的神学素养与坚定的求学之士，却能掌控群众的思想，他还拥有一种强大的力量，能通过虚假的宗教辞藻和不知疲倦的讲道来加剧社会矛盾。

这年 4 月，萨德伯里再次将鲍尔投入监狱，这是后者在十五年内第三次身陷囹圄。萨德伯里还第四次将鲍尔开除教籍，并写信给世俗当局，愤怒地谴责他分裂教会的歪理邪说和作为异端分子的堕落，还说他是误导和毒害英格兰民众的邪恶牧者。[2]

而如今，鲍尔逍遥法外，萨德伯里却成了困兽。

伦敦塔的礼拜堂内，大主教庄重地结束弥撒，领了圣餐。

伦敦塔其他地方的气氛同样阴沉。没有去麦尔安德的人包括财政大臣黑尔斯、几位与冈特的约翰关系最密切的廷臣，其中包括他的儿子德比伯爵以及几位政治上特别敏感的王室顾问，包括广受憎恨的约翰·莱格，叛军指控他为将人头税调查员官职兜售给王室宠臣的始作俑者。

这些人被留在伦敦塔的原因有两个：首先，他们是叛军最恨的人，如果国王去麦尔安德的时候把他们带在身边，这些仇敌的在场就有可能刺激叛军，将王室队伍卷入冲突；其次，萨德伯里、黑尔斯等人逃脱的最好机会就是理查二世不在伦敦塔的这段时间。

但在这天上午，随着时间流逝，理查二世身后留下的令人不安的寂静笼罩了整个伦敦塔，塔里的人越来越清楚地认识到逃脱已不可能。王太后琼安之前也打算去麦尔安德，但后来因为群众的恫吓而回来了。她告诉塔内的人，叛军不会像羊群一样轻易便可骗走。她看到，虽然有一大群粗暴的叛军跟着国王走出阿尔德门前往麦尔安德，但最极端的分子仍然留在伦敦塔

周围，死死盯着塔内的目标。泰勒、鲍尔和斯特劳此时很可能
就在塔外，率领着一群从叛乱一开始就参与其中的农民。叛军
的瞭望哨严密监视着伦敦塔的所有出口。黎明刚过不久，有人
企图从伦敦塔的码头乘船逃走，但被一名监视河面的老妇发
现。她发出了警报，于是他们不得不撤回要塞。

伦敦塔内现在没有一位公认的军事领袖（最稳健的三人，
索尔兹伯里伯爵、诺尔斯和沃尔沃思都在国王身边），负责在
国王外出期间防守伦敦塔的约 180 名弓箭手和卫兵的士气十分
低迷。在过去一天里，有不少叛军在塔山上喊话嘲讽伦敦塔守
军，说叛军在短短一个周末里便攻占了整座都城，所以伦敦塔
守军继续坚守下去也是徒劳的。叛军还暗示，守军既然保护人
民公敌，也将被视为叛国者。塔内的给养已濒临耗尽，叛军咄
咄逼人地封锁伦敦塔，拦截输入要塞的物资，一方面用王室的
物资养活自己，一方面也给守军制造了麻烦。叛军已经惯于用
心理战而不是用攻城槌来攻打城堡和监狱。伦敦塔在几天前似
乎还是安全的避难所，如今却突然成了孤岛。

伦敦塔的护城河是泰晤士河的一条支流，水面宽阔、冰冷
而灰暗。这天上午，叛军隔着护城河发出的威胁越来越响亮且
急迫。鲍尔的刻薄咒骂早就在聚集于此的叛军心中扎下根来，
让他们变得癫狂而嗜血。叛军逼近伦敦塔吊桥，辱骂门口的卫
兵。在他们的背后，许多烟柱升上天空，不时还有燃烧的建筑
坍塌，似乎整座伦敦城都将陷落。在这则传言此刻显得越来越
可信，伦敦塔最后的守卫者们终于在毁灭的奇观面前陷入绝
望。

他们的绝望毁掉了伦敦塔。他们本可以固守待援，但他们
的意志十分脆弱，精神已经被一种致命的瘫痪所打倒。这时消

息传来，理查二世在麦尔安德同意了埃塞克斯郡叛军的要求并允许惩罚叛国者。这不仅让围攻伦敦塔的叛军勇气大增，还打破了守军的最后一道心理防线。伦敦塔内的人们最害怕的事情发生了：为了挽救城市，国王抛弃了他们。守军似乎毫无抵抗就放下了吊桥。

叛军蜂拥而入。他们从那些垂头丧气的守军面前闯过，他们都是本应坚守这座王室要塞到最后一兵一卒的弓箭手和老兵。叛军挖苦和戏弄他们，伸手弄乱他们的头发、拉扯他们的胡须。[3]他们还用粗糙的大手紧握肮脏的木棍，戏耍地戳着那些无能为力的卫兵。兴高采烈的叛军开始冲向伦敦塔的卧室与储藏室。他们闯进房间，在床上蹦跳，彼此打趣逗乐。他们还与沮丧的士兵开玩笑，厚颜无耻地笑着邀请士兵当他们的朋友。

叛军强行打开门锁，查看门后是否藏着法律文档。但他们的主要目标不是用来投入篝火的文件，而是活生生的猎物。[4]

住在伦敦塔里的人惊慌失措，想方设法地躲藏或逃跑。德比的亨利当时也在伦敦塔内，幸亏一名机智的士兵将他藏起来，他才逃脱了叛军的屠刀。（德比的亨利在多年后成为国王，他没有忘记这一恩情，专门奖赏了当年救他一命的那名士兵。）王太后则在内廷女官的陪同下躲进内室。她在叛军闯进来时晕倒了，后来被偷偷带到一艘船上逃走。至于其他人就没这么幸运了。黑尔斯和莱格都被叛军抓获。德比的亨利能够藏起来实在是太幸运了，因为除他之外凡是与冈特的约翰有关系的人都被抓住。走廊里乱作一团，执勤的士兵束手无策，叛军无所顾忌地抓捕他们眼中的叛国者。

在礼拜堂内，萨德伯里一定听见了外面的吵闹声，明白自己的末日到了。但他若无其事，继续做礼拜。呼喊声回荡在伦敦塔的走廊，萨德伯里却继续吟诵《临终》《晚祷歌》和《安息哀歌》，这都是中世纪常见的哀思死者的祈祷文。木棍敲击厚重的门的声音越来越响亮，越来越近，他吟诵了"七首赞美诗"，这是悔罪的祈祷文，恳求上帝宽恕世人，洗清他们的罪，并保护他们不受敌人伤害。入侵者的粗鲁狞笑与受害者的尖叫混合在一起。很多藏匿起来的人都被叛军揪出并押走，去面对聚集在塔山上的暴民的怒火。萨德伯里呼吸着礼拜堂内带有熏香味的空气，开始吟唱连祷。这是一串长长的祷文，用于恳求教会的所有圣徒保护他、宽恕他、为他祈祷。

在请求诸位圣徒保佑的连祷结束时，礼拜堂的大门被踢开，叛军冲了进来。一名下级官吏在胁迫之下把他们带到了大主教面前。

"所有的圣徒，为我们祈祷吧"（Omnes sancti orate pro nobis）是萨德伯里的遗言。冲入礼拜堂的叛军，拖着他穿过伦敦塔的走廊。有人抓着他的兜帽和胳膊，有人向这位受过圣礼的教士拳打脚踢、恶言相向。他被推推搡搡地押走，从闯入王室要塞核心区域的喧嚣暴民面前经过，来到光天化日之下。

后来有人说萨德伯里曾与叛军争辩，恳求他们相信自己不是叛国者，不是压榨平民的奸臣，而是他们的大主教。他问叛军自己究竟犯了什么罪，杀掉他们的大主教对他们有什么好处。他告诉叛军，这样的恶行只会招致上帝与教宗的愤怒，会导致整个英格兰遭到禁止圣事的处罚。[6]

但他的争辩完全是对牛弹琴。萨德伯里一定明白自己插翅难飞。他低下戴着兜帽的脑袋，被推到塔山山顶一长串无助受害者的队伍之首。他看到黑尔斯、莱格和冈特的约翰的一名仆人已经站在那里，准备好要面对与他相同的噩运了。

萨德伯里在此刻也许想起了《诗篇》第 43 章，这是一段广泛用于弥撒开头的祷文，他肯定经常背诵这一段，也许在这一天就背诵过：

> *Judica me, Deus, et*
> *discerne causam meam*
> *de gente non sancta：ab*
> *homine iniquo et doloso*
> *erue me.*
> [……]
> *Emitte lucem tuam et*
> *veritatem tuam：ipsa me*
> *deduxerunt et*
> *adduxerunt in montem*
> *sanctum tuum，et in*
> *tabernacula tua.*
> *Et introibo ad altare*
> *Dei：ad Deum qui*
> *laetificat juventutem*
> *meam*
> …

在王室礼拜堂阴暗而肃穆的气氛里，这段优雅的拉丁文读起来一定震撼人心。它的通俗语版本同样动人心魄：

> 神啊，求你伸我的冤，

向不虔诚的国，
为我辨屈，
求你救我脱离
诡诈不义的人。
[……]
求你发出你的亮光
和真实，
好引导我，
带我到你的圣山，
到你的居所。
我就走到
神的祭坛，到我最喜乐的
神那里。

萨德伯里跪在塔山上的暴民当中。当斧子第一次落下时，令人毛骨悚然的尖叫从人群中响起。然后是铁器穿透骨肉的声音；大主教遭到野蛮杀戮；其余的俘虏目瞪口呆，面如土灰，只能听天由命。伦敦城开始化为人间地狱。

十四　农民军的肆虐

没有一个人不在吼嚷，简直和地狱里的群鬼一般；

鸭子也嘎嘎地叫着，似乎将被人屠戮；

鹅也吓得飞上了树；

窝里的蜂群也涌出来了。

那声响好生惊人，求天保佑！

杰克·斯特劳和他的党徒

击杀佛兰德人时

也绝没有发出像这天追赶狐狸时一般高亢的咆哮，一半也没有……

——杰弗里·乔叟

查令，伦敦附近，6 月 14 日，星期五，上午 11 时

从伦敦通往威斯敏斯特（当时是属于王室的村庄）的道路满目疮痍，随处可见星期四的暴乱留下的痕迹。萨伏依宫已经化为瓦砾堆，夏季的和风将路上的灰烬与残骸吹起。疯狂肆虐的暴民摧毁了萨伏依宫的围墙和灌木篱墙，把它们弄得参差不齐、惨不忍睹，屋顶也被瓦特·泰勒手下那群毫无廉耻的叛军拆出了许多洞。

伦敦的达官贵人躲进那些逃脱了叛军惩罚的房屋与客栈里瑟瑟发抖。理查二世允许叛军猎杀叛国者的消息开始传遍伦敦城及其郊区。伦敦城对叛军入侵的最初反应是瘫痪，而如今瘫

瘀变成了深入骨髓的恐惧。

虽然时间还早，但这天上午的事件已经深刻地改变了本次叛乱的性质。农民军开始大肆施暴，他们曾经有过的诚实正派、热情、正义感和纪律性如今荡然无存。麦尔安德的谈判之后，叛军分裂成多股，也变得更加极端。仍留在伦敦的叛军越发大胆，开始公开表露自己的嗜血一面。[1]

理查二世幼稚地答应向叛军发放表示支持的特许状（此时三十名王室书记员正在抄写特许状，并在全城发布）的决定造成了两方面的影响。首先，国王部分达成了他的目标，即让叛军的行动停止下来。来自埃塞克斯郡和赫特福德郡各村庄的大群叛军相信，在麦尔安德与国王会面之后他们的使命就结束了，于是他们兴高采烈地回家，并对这位年轻国王主持的公道赞不绝口。有些人等着领取王室特许状，其他人则直接回家。估计总共有一半叛军离开了伦敦城，返回他们熟悉的安全环境：村庄、夏季的瞻礼日与节庆、农庄和教堂。通往科尔切斯特的主路上一定挤满了饥肠辘辘、衣衫褴褛但笑逐颜开的农民。他们一定在兴奋地分享这次不可思议的冒险中发生的故事。

但在伦敦的另一端，在通往威斯敏斯特的已经毁坏的道路上，极端分子仍在逡巡。胆子够大的人若是站在查令村的埃莉诺十字架旁，就能看见一大群叛军在恐怖的旗号下跌跌撞撞地在大路上行走：五支长枪指向天空，每一支的枪尖都插着一名王室忠仆的首级。[2]

这些骇人的战利品当中为首的是萨德伯里大主教的首级。一个业余的刽子手用斧子砍了八下才砍下他的脑袋，把他的脖颈劈得惨不忍睹，他的脊柱更可能是被蛮力击碎并扯断，而不是被干脆利落地斩断的。直到第二斧落下时，大主教的脸上才开始见血，因为第一斧砍得太过粗糙，只在大主教的脖子上砍出一道深深的伤口。此时有旁观者听到大主教高喊这是上帝之手的干预，而当第二斧落下之后，他本能地伸手去触摸伤口。刽子手的情绪十分激动但准头差得可怜，于是他又挥斧斩断了大主教戴着戒指的手指。现在，萨德伯里血淋淋的首级被挑在长杆顶端，他的红色主教冠则被钉在他的颅骨上。

在萨德伯里的周围是与他一同受难的四人的首级：黑尔斯、莱格，以及冈特的约翰的医生威廉·阿普尔顿；还有一名陪审员，叛乱平息之后伦敦城的档案说他的名字是斯特普尼的理查·萨姆诺尔。[3]五个首级在枪尖上颠簸跳动，如同诡异的木偶。

这五个人是叛国者吗？还是说，那些挥舞着插有人头的长枪、凶神恶煞地开往王室村庄威斯敏斯特的人，才是叛国者？理查二世允许叛军猎杀叛国者的说法制造了混乱，因为从法律上和道德上很难说清哪一方才是叛徒。在麦尔安德的谈判之前，叛军总体上避免了漫无目的的无差别屠杀，在选择攻击哪些房屋以及如何攻击时也遵循了严格的规矩，因为他们相信自己是正义的一方，必须恪守相应的原则。而现在国王已经认定，他们之前的行动符合公道常理，并用书面特许状的形式将他们追逐"叛国者"的行为合法化，这等于授权他们自行决定哪些人是叛国者。特许状礼节性地要求将这些"叛国者"押送到国王面前审判，但这一要求既没有约束力，也没什么意义。

换言之，理查二世几乎授予叛军以全权，让他们可以随心所欲。谋杀变成了合法处决；暴力袭击变成了合法的处罚；犯上作乱变成了执法行动。暴民举着血淋淋的人头奔向威斯敏斯特（国王最喜欢的圣地）[4]，这既是对前一天基督圣体节游行的颠覆，也是对受人憎恨的巡回法庭的恐怖戏仿。

理查二世在麦尔安德谈判之后匆忙骑马躲进御橱部①，让伦敦塔内的可怜人自生自灭。在那里他应该能看见叛军在墙外举着人头前进的恐怖景象。[5]御橱大楼在贝纳德城堡的范围之内，位于伦敦城的西南角，这个区域的领导者是市议员约翰·莱丁。叛军在穿过市区奔向卢德门的途中很可能经过了车夫巷，这是御橱部和圣保罗大教堂之间的通道。如果是这样的话，国王一行人一定能听见叛军前进的喧哗，并看到恐怖的景象。[6]

理查二世及其宫廷人员之前试图用以结束叛乱的策略无论在理论还是实践层面都已一败涂地。现在他们因恐惧而陷入瘫痪，只能眼睁睁看着两位最资深的大臣满是血污的首级被插在长枪上游行。国王身边的一些人开始后悔自己当初没有支持沃尔沃思市长提出的建议，积极出兵镇压叛乱。

现在，他们的力量空前衰弱。他们没有办法阻止叛军高举人头前进；政府还不得不向另一群叛军发放成百上千份特许状，授权他们在全国为所欲为。不久前，已故的大法官兼大主教萨德伯里交出了大印，国王被迫将其转交给阿伦德尔伯爵理查·菲茨艾伦。现在阿伦德尔伯爵接到了一项棘手的任务，他要负责监督特许状的生产（王室书记员正在匆忙地抄写）并将其从国王的新大本营分发出去。

———————————

① 御橱部（The Royal Wardrobe）是英格兰王室内廷的一个部门，负责保管国王的典礼袍服、武器弹药、账目等。这里所说的御橱大楼所在的建筑于 1359 年被卖给英王爱德华三世，1666 年毁于伦敦大火。它的原址在今天伦敦的维多利亚女王街附近。

　　王国政府的怯懦让伦敦城内原本就很脆弱的秩序彻底崩溃，城市陷入无政府状态。萨德伯里的首级被带往威斯敏斯特，成群结队的叛军（既有激进的农村叛军，也有起哄的伦敦平民）开始在光天化日之下肆意游荡，搜捕"叛国者"。

　　萨德伯里等五人的首级被送到威斯敏斯特教堂后又被送了回来，此时至少又有四人惨遭斩首。叛军得意扬扬地高举首级，来到伦敦桥（政府通常在此地将已经被肢解的犯人尸体示众，以儆效尤），萨德伯里那依旧和红色主教冠钉在一起的首级现在被挂到正中间最高的位置。它的周围是黑尔斯、莱格、萨姆诺尔、阿普尔顿和那四名新死者的首级。

　　悬挂在伦敦桥大门上方的首级是叛军对伦敦城和王国政府的羞辱，它们明明白白地宣示如今叛军就是法律。伦敦城内乱作一团，暴民在大街小巷奔来走去。有人趁乱了结私怨，一些持续了很多年的纠纷如今突然被以暴力手段解决。叛军成员罗切斯特的托马斯·雷文曾在人群中围观黑尔斯被斩首，后来他从塔山来到杂货商雷金纳德·艾伦家中。雷文欠了艾伦很多钱，现在他强迫艾伦交出借据。[7]另一群包括来自埃塞克斯郡一些村庄（其中有位于该郡的最北端曼宁特里）相对富裕和显要的人士的叛军袭了约翰·巴特维克的房产。他是米德塞克斯郡的副郡长，这天下午他在骑士桥、伊伯里和威斯敏斯特的房产都毁于叛军之手，尽管这几处产业都在城门之外相当远的地方。[8]

　　伦敦上流阶层中有些胆大妄为的人物也抓住机会，趁乱报复自己的私敌。水产商人罗伯特·艾伦爵士与一群肯特郡叛军合作，将另一名水产商人休·韦尔从他自称拥有的一座房屋中驱逐出去。[9]酿酒商沃尔特·基在这天下午的大部分时间里都在焦急地搜寻一份被称为"禧年书"的神秘文件。他带领一群暴民企图找到并销毁该文件，在这过程中甚至考虑过烧毁市政厅。[10]在全城各处地方，有数百起之前在法庭上得不到圆满解决的纠纷以及私怨和政治对立造成的矛盾，如今都遵照愤怒暴民的规矩，在无法无天的恐怖气氛下通过暴力手段得到了结。

在暴民统治下，城内有一些群体会显得尤为脆弱。首当其冲的是外国人。中世纪的伦敦生活着很多热那亚人、伦巴底人和来自意大利其他地区的商人，以及来自汉萨同盟（德意志和波罗的海沿岸的若干邦国）的商人。外国人往往得到英格兰王室的庇护或恩宠，而英格兰本土商人常因感到自己的利益受外国商人侵害而恼怒。本土商人相信政府给了外国商人经济上的优惠条件。从 1370 年代开始，政府为了快速获取收入，甚至缺乏远见地向外国商人兜售出口税的豁免权。

外国侨民当中最引人注目的是佛兰德人。他们把持了英格兰与欧洲大陆之间的大部分跨英吉利海峡贸易。[11]除了本土商人和外国商人之间的矛盾外，伦敦还存在一种仇外情绪，比如民众普遍相信伦敦的妓院是外国人经营的。[12]外国人一定明白，假如秩序沦丧，尤其是英格兰国王主持的秩序崩溃，自己的处境就将十分不妙了。

伦敦各行会在城市的不同区域有自己的地盘。佛兰德人及其家属也有自己的聚居区，他们一般在泰晤士河北岸温特里的圣马丁温特里教堂和圣詹姆士斯加里克海思教堂周边集中居住，位置就在伦敦桥（被害大臣的首级此时悬挂在那里）上游约三分之一英里的地方。在这两座教堂周围和通往河边码头的区域坐落着多栋配有地窖的大型房屋，原本是波尔多的加斯科涅葡萄酒巨商在本世纪早期建造的。[13]

一大群暴民扑向这个区域。他们包围了圣马丁温特里教堂，因为听说一些佛兰德人在教堂内避难。第一批暴民闯入教堂，发现有大约四十名外国人蜷缩在里面，战战兢兢。暴民毫不尊重教堂作为避难所的神圣性（他们早就跨越了这条红线），抓住里面所有的佛兰德人，将他们拖上大街，斩首示众。

躲藏在王后御橱部（王室在伦敦的一处宅邸，就在距离温特里几百码的地方）的王太后此时一定能听见屠杀开始之后暴民恐怖的咆哮声和受害者惨遭屠戮时发出的尖叫。她的年轻儿子和他的谋臣们正躲在贝纳德城堡，监督赦免状和特许状的生产，而温特里大街上开始出现成堆的死尸。至于王太后琼安对儿子和他的谋臣们的智慧作何评判，我们只能加以猜测了。

王太后或许能从混乱的人群中辨认出一个人的声音：伦敦富商理查·莱昂斯。此人因为与爱德华三世（王太后的公公）的内廷人员合谋贪腐而在1376年名誉扫地。但尽管在议会蒙羞，莱昂斯仍然是宫廷的亲信。琼安应当在自己已故的丈夫黑太子爱德华在世时便认识了他。尽管爱德华不喜欢这个在道德上摇摆不定的商人，王太后琼安一定对这个伦敦上流社会的显赫人物颇为熟悉。莱昂斯住在富庶的贸易中心温特里，暴民就是在这里抓住了他。

莱昂斯知道伦敦本地和外地的叛军都把他当作目标。他在星期三就得知自己位于萨福克郡梅尔福德附近里斯顿的庄园遭到约翰·乌劳领导的叛军袭击。乌劳是萨福克郡最危险的一股叛军的首领，这天正在猎杀叛军的第三大目标：王座法庭的主审法官约翰·卡文迪许，亦即全英地位最高的法官。

莱昂斯的财产受到威胁，性命也处于危险之中。伦敦叛军在抵达温特里之后把他从家中拽出来，拖过鞋匠区富丽堂皇的大街带到齐普赛。从圣詹姆士斯加里克海思教堂的莱昂斯雕像我们可以知道他的长相：

> 非常白皙且高大，头发卷曲，长至耳朵，胡子有分叉；身穿长至脚腕、有分叉的锦缎长袍，上有花卉图案；左肩用皮带斜挎着一个大挎包，垂在身体右侧；朴素的斗篷遮盖了他的肩膀，垂落在他背后。[14]

叛乱者当然抓到了莱昂斯。仲夏的太阳照射着喧闹、血腥和混乱的伦敦街巷。叛军前一天设立在齐普赛的刑台上满是星期四留下的黏稠血污。全城人听到屠杀的惨叫无不战栗，街上死尸堆积起来。伦敦的巨商莱昂斯也被残忍地斩首，成为又一个牺牲品。

十五　危机

叛军犯下了……许多其他暴虐的罪行，丝毫不考虑对方的身份和等级。他们在教堂、墓园、道路和街巷杀人，在房屋和田野里杀人。他们不敬畏上帝，也不尊重教会的荣誉，追捕和处决一切他们厉声反对的人。一整天里他们作奸犯科，最后累得精疲力竭，或者因为喝了比平时多得多的葡萄酒而瘫软。晚间，可以看见他们七零八落地躺在大街上、高墙下，睡得像死猪一样。

——托马斯·沃辛厄姆

威斯敏斯特教堂，6月15日，星期六，上午9时[1]

理查·因姆沃思是萨瑟克王座监狱的长官，也是个野蛮的人。他负责监禁和看押违反法律、受到"侵害国王的治安"重罪起诉的囚徒。泰晤士河南岸这座监狱的犯人说他是"毫无怜悯之心的凶徒"。[2]从一开始，他就是叛军的目标。在星期三布莱克希思营地的叛军袭击萨瑟克的时候，因姆沃思的财产和生命都受到了直接威胁。

所以他藏了起来。叛军向伦敦进军的第一波消息传来之后，他就知道自己一定会成为叛军的目标。他或许会为自己躲过了两天的暴乱而活到6月15日（星期六）感到惊讶。基督圣体节和次日的受害者包括赖盖特、萨德伯里、黑尔斯、莱格、阿普尔顿和萨姆诺尔，以及数百名外国人和不计其数的司法体系的爪牙, 因姆沃思显然属于这个群体。他是王国司法体系的工作人员, 对工作一丝不苟, 对犯人毫无同情, 所以他完全有理由畏惧叛军的怒火。

叛乱爆发之前的几天里, 因姆沃思和妻子张皇失措, 连他管辖的犯人都注意到了这一点。后来有一个犯人甚至说, 当叛军在基督圣体节的几天前逼近都城时, 因姆沃思曾把自己的少量财宝托付给他保管, 以防自己遭到叛军的报复。[3] 现在是星期六上午, 因姆沃思躲进了威斯敏斯特教堂, 因为此地是王室权威犹存的少数几个据点之一。

威斯敏斯特教堂本应凭借其象征意义而非防御强度成为伦敦城及其郊区最安全的避难所。它高大而威严, 结构足够坚固, 气派令人敬畏。这里代表着国王的神性, 在 14 世纪仍然保存了理查二世的先祖亨利三世时期留下的宏伟格局。早在诺曼征服以前英格兰国王就在这里加冕, 后来仪式的排场、景观与宣告国王统治义务的辞令也变得越发华丽。金雀花王朝的伟大君主们在教堂的地下墓穴长眠, 但陵寝最显要的位置却属于一个盎格鲁-撒克逊人: 忏悔者爱德华。这位获得圣徒地位的君主以传奇般的圣洁而著称, 他曾为威斯敏斯特教堂奠基。据说忏悔者爱德华生前和身后都留下了许多伟大的神迹。[4]

在威斯敏斯特教堂王权令人赞叹的景观性与深刻的神圣性水乳交融。这是一个令人敬畏、无比神圣的场所, 而既然是神圣的场所, 就有作为避难所的权利。威斯敏斯特教堂的神圣性和避难所属性都不容侵犯。冈特的约翰从霍利事件的经验中就可以知道, 教会反对任何人在威斯敏斯特教堂犯下任何一种侵犯罪行。据说圣彼得对此也不会坐视不管, 他一定会在最终审判日严厉惩罚那些胆敢亵渎威斯敏斯特教堂的罪人。

　　所以，在伦敦及其周边的所有教堂、礼拜堂、修道院和医院当中，如果有一个地方是叛军不敢染指的，那就非威斯敏斯特教堂莫属。因姆沃思明白这一点，也知道此时伦敦城的大街上血流成河，癫狂的暴民已屠杀了成百上千人，所以他来到教堂避难，恳求威斯敏斯特教堂僧侣提供保护。

　　但此时叛军已经闯入全城的许多教堂，杀死躲在里面的人。叛军既然已经表现出对上帝及其圣徒之怒火的不屑，他们还会尊重威斯敏斯特教堂吗？如果因姆沃思相信叛军不敢侵犯威斯敏斯特教堂，那他就大错特错了。上午9时，叛军沿着如今已为他们所熟悉的那条路线从伦敦来到威斯敏斯特。[5]此前一天里，他们就举着大臣们血淋淋的首级来到了威斯敏斯特教堂；还有一支叛军企图闯入教堂的宝库，目的是销毁那里的法律档案。

　　6月15日上午，他们仍然杀气腾腾。一些叛军现在已经相当熟悉教堂的布局，所以他们很轻松地闯了进来，奔向主祭坛。因姆沃思就蜷缩在那里，或许希望自己能得到宽贷，尽管他自己对囚徒总是铁石心肠。

　　因姆沃思是个心狠手辣的人，但他不蠢。他对此时周边环境的象征意义有本能的把握，所以选择的避难地点是忏悔者爱德华的圣龛。他敢打赌，第一批叛军闯进教堂之后首先看到的一定是这座圣龛。它就在祭坛后面，从门口一直到中殿都能清楚地看见。圣龛下有一块设有两级小台阶的高台供朝圣者成对跪下，他们的膝盖把地上的石板磨得锃亮。圣龛两侧各有一根石柱，其中一根的顶端是忏悔者爱德华的雕像，另一根承载着打扮为朝圣者的圣约翰的雕像。因姆沃思也许希望叛军在看见圣龛庄严肃穆的景象之后便不敢造次。[6]

然而事实证明，叛军闯入教堂之后，他们的心就像教堂中殿光滑冰冷的石板地面一样坚硬。当他们走近时，脚步声回荡在教堂内部，并向拱形屋顶的高处传去。他们看见因姆沃思紧紧抱着一根石柱，旁边就是容纳忏悔者爱德华棺材的黄金棺架。双方有没有进行过对话？因姆沃思有没有试图打动对方的畏神之心？我们不知道。我们只知道在英格兰全境最神圣避难所的主祭坛旁，曾经折磨别人的理查·因姆沃思被拖离英格兰主保圣人富丽堂皇的镀金圣龛，穿过中殿，带到早晨凉风习习的室外并押往伦敦，最后在齐普赛被斩首。

叛军拖着因姆沃思来到齐普赛的宽阔市场和血淋淋的临时刑台，途中偶然遇到一个名叫"格林菲尔德的约翰"的男仆，此人犯下了一个弥天大错：他竟然"赞扬已经被谋杀的威廉·阿普尔顿（冈特的约翰的医生）和叛军血腥清洗的其他受害者"。叛军在面包街（穿过伦敦城通往河畔港口昆海思的漫长南北向大道）抓住格林菲尔德的约翰，拖着他向北来到齐普赛，将他与因姆沃思一起杀死。

时至中午，伦敦城已完全陷入无政府状态。城内外完全没有法治，只有叛乱者的任意妄为。他们已经跨过最后的红线，变得无所顾忌。

威斯敏斯特教堂遭到亵渎的消息应当在上午时分传到了位于御橱部和贝纳德城堡的王室大本营。还有消息称城内房屋遭到焚烧，暴力活动十分猖獗。更糟糕的是，英格兰东南部各地都发生暴乱。米德塞克斯郡、赫特福德郡、剑桥郡、诺福克郡和萨福克郡都发生了零星民变，高级法官约翰·卡文迪许爵士已经丧命。这些民变有的是为了响应伦敦的叛乱，有的据说得到了瓦特·泰勒的领导和庇护，这尤其令人担忧。

麦尔安德会议之后一天一夜的混乱足以证明，理查二世在那些怯懦贵族的建议下采取的绥靖政策是个可怕的错误。两名最资深的大臣已经遇害，还有数百名大多无辜的伦敦市民丧生，理查非但没能恢复秩序，反而在伦敦引发了混乱、亵渎、谋逆、偷盗、敲诈、纵火与谋杀等恶性事件。现在他面对的是自在世之人的记忆以来英格兰国内秩序遇到的最严重威胁。

城里流言四起：泰勒要在伦敦的四个角落纵火，将城市化为灰烬；国王将被扣为人质；教会将被废除；约翰·鲍尔将成为英格兰至高无上的、唯一的主教；其他贵族和主教都将被处死。

事实证明，通过信使与叛军谈判是徒劳的。在过去二十四小时里，泰勒三次拒绝接受国王提出的和平条件（那些条件与之前撤离麦尔安德的叛军接受的条件大致相同）。他正确地判断，混乱只会助长这场运动的声势。他的目标曾经是理智的、政治化的，但如今这些目标都烟消云散，取而代之的是一种模糊不清的幻想：建立一个没有任何真正的行政管理机构的社会。

在过去几天里，理查二世一直没有采纳威廉·沃尔沃思的激进策略，现在他终于开始认真听取他的意见。沃尔沃思似乎一直主张对叛军采取强硬措施。他相信，只要把通过自己以及同僚尼古拉斯·布雷姆布利与约翰·菲利波特的政治影响力和财力聚集起来的资源与再加上老将罗伯特·诺尔斯爵士的军事技能相配合，政府就完全有能力对付叛军。自星期四晚上以来他就主张向叛军展示武力。他的意见在过去显得傲慢鲁莽，但如今似乎是唯一可供选择的方案。

反对武力镇压一派的理由是，伦敦平民未必忠实可靠，如果激怒了伦敦平民，导致他们与激进的肯特郡叛军合伙，就可能令整座伦敦城走向毁灭。但在麦尔安德会议之后，伦敦已经发生了那么多流血事件，上述的反对理由已不再有效。公共秩序已荡然无存，而如果最新的传闻准确的话，泰勒打算在星期一夜间烧毁全城。所以政府必须阻止他。如果镇压手段能取得成功，那么保住伦敦城就还有一线希望；如果他们继续与不守信誉的叛军领袖谈判，伦敦城肯定就完了。恐怖浪潮已经扩展到英格兰东南部和东盎格利亚，而且叛乱的消息还有可能传到海峡对岸的敌国，一旦伦敦被毁，英格兰全国都有可能沦陷。

于是，在星期六早上英格兰最神圣的圣殿遭到暴民破坏之际，理查二世似乎终于批准动用诺尔斯等将官手下，以及沃尔沃思、布雷姆布利和菲利波特等商人寡头手下装备精良的私人武装。新的计划是将叛军引诱到城墙之外，这一次选择的地点是距离王室新的大本营最近并且合适的场所：西史密斯菲尔德广阔的田野和市场，那里位于贝纳德城堡与王后御橱部以北半英里处，就在奥尔德斯门（城墙上的东北门）外不远。信使奉命对外宣布，理查二世将再次与叛军会面，所有叛乱者都应到史密斯菲尔德恭候国王。

国王故意选择去史密斯菲尔德而非再次前往麦尔安德。史密斯菲尔德适合与大群叛军谈判，因为那里的田野经常在节日和假期成为群众集会的场所。集市、交易和比武大会经常在那里举行，所以很多伦敦出身的叛乱者熟悉那里，来自乡村的很多叛乱者过去也有可能在到都城做生意或参加节庆活动时见识过那里。理查二世传唤臣民到史密斯菲尔德，又一次给了他们一种"主场优势"的感觉。这是国王的一个抚慰性姿态，迎合了泰勒的虚荣心。他在之前谈判期间表现得十分固执、拒不让步，却并没有受到惩罚，所以不禁狂妄起来。

史密斯菲尔德是很适合谈判的地点，能让叛军宽心。但政府可不只是打算在史密斯菲尔德谈判，他们还计划在那里执行沃尔沃思的武装镇压策略。史密斯菲尔德的东侧是圣巴托罗缪医院及其姊妹修道院的围墙，北面是加尔都西会修道院的围墙和浅浅的法格斯韦尔溪，可谓天然屏障，西南面则是较深的霍本河和护城河。简而言之，史密斯菲尔德虽然让人舒心，却是一片半封闭空间，国王一方如果在这里与叛军发生正面交锋，至少也能遏制叛军，而如果顺利的话，国王的军队（哪怕兵力不强）甚至还能击溃敌人。政府已经在史密斯菲尔德会议的幕后罗织了一套大胆而无情的精妙策略，至于到时候是否需要动武，则取决于年轻国王的决断。而之前的麦尔安德会议表明，国王有可能做出出人意料的事情。

理查二世年纪很轻，在位时间很短，眼下对他而言就是最关键的时刻。他召集了一大群贵族、骑士和侍从便出发了。这很可能是他的最后一趟旅程。不过，在再度会见犯上作乱的臣民之前，他需要宗教的慰藉，恳求上帝的保佑。于是，理查二世和先前的叛军一样，也前往威斯敏斯特教堂的忏悔者爱德华圣龛。

十六　史密斯菲尔德

> 国王一行人抵达那里之后，他转向东方……平民在西侧排成庞大的队伍……市长传唤他们的领袖，于是瓦特·泰勒……踌躇满志地走到国王面前，骑着一匹小马，好让平民都能看见他……泰勒重复了他的若干点要求；他要求除了温切斯特的法律之外不能有任何法律……
>
> ——《佚名编年史》

史密斯菲尔德，6 月 15 日，星期六，下午 5 点

在史密斯菲尔德（Smithfield）的上空，夕阳西下。这个地方的本名是"平坦的田野"（Smooth Field），是集会的地点，也是死亡的场所。人群蜂拥走出新门和奥尔德斯门，向北奔向史密斯菲尔德。这里自古以来便是伦敦城外的马匹交易、赛马、竞技、节庆和办集市场所。富人与穷人都到史密斯菲尔德活动。养马人、骑师、工具制造匠人、摊贩在这里嬉戏，农民把丰腴的奶牛和身子颀长、嗅来嗅去的家猪赶到这里出售。[1]

这是屠宰牲口的地方，也是处决犯人的刑场。1305 年，赤身露体的苏格兰叛乱者威廉·华莱士被一匹马拖到这里，并被绞死、阉割和开膛，他的内脏在他的面前被烧掉，他残缺的身体被砍成四截，送往全国各地示众。和所有公共集会的场所一样，史密斯菲尔德是当地人民交际、做生意、欣赏骑士比武

和观看血淋淋的公开行刑的地方。华莱士不是第一个在这里被残酷处决的人。史密斯菲尔德田野西北角的榆树丛（就在饮马池之外）前就是刑场，在许多个世纪里不知见证过多少场惨绝人寰的血腥处决。

随着星期六的黄昏时分降临，伦敦城陷入无政府状态的第二天行将落幕。大群叛军开始抵达史密斯菲尔德。他们分散开来，穿过广阔的田野，走向榆树林和西面崎岖不平的乡野土地。从那里，他们不难看见从北面的耶路撒冷圣约翰修道院冒出的黑烟。已故财政大臣黑尔斯的住宅就在那里。史密斯菲尔德以南半英里处是饱受摧残的圣殿，叛军为夺取法律文件在星期四洗劫了那里。在史密斯菲尔德东南方的城墙之内，是一连串被拆毁或烧毁的房屋残骸，那里的居民遭到追逐、威胁、骚扰、恫吓、欺凌，或被叛军杀害。有的叛军群体已经丧失纪律性，不再有领导。理查二世在麦尔安德怯懦地让步之后，不少叛军彻底失控，变得肆无忌惮、无法无天。犯下累累罪行的人们现在来到史密斯菲尔德的田野，自他们在布莱克希思扎营以来第一次排兵布阵，形成几支有组织的大型队伍。[2]

理查二世带着 200 名随从从威斯敏斯特来到史密斯菲尔德。尽管他手头资源匮乏，且面对着至少数千叛军，他的队伍想必仍鹤立鸡群。王室一行人衣着光鲜华贵，与身着羊毛粗布衣服、满身污秽烟尘与汗臭的叛军形成鲜明对比——他们当中有不少人已经在户外活动了两周之久。沃尔沃思及其信赖的商人盟友菲利波特和布雷姆布利与国王同心同德，而且他们此时说不定就在国王身边。

他们花了一整个下午为史密斯菲尔德的会晤做准备。但沃尔沃思和理查二世的思路完全不同。下午 3 点，理查二世骑着马，带领大队随员从贝纳德城堡和御橱部出发，前往威斯敏斯特。他把母亲留在了王后御橱部。国王派人先行出发，向威斯敏斯特教堂那些战战兢兢的教士报信说，考虑到因姆沃思的惨剧造成的恐慌，国王将会访问教堂。

经过查令村之后不久，理查二世遇到一群前来迎驾的教士与神父，他们来自圣斯蒂芬牧者团教堂。他们身穿僧袍，赤足踏着冰凉的泥土，庄严肃穆地行进。他们陪同国王走向威斯敏斯特，来到遭到亵渎的教堂门前。

在教堂门口，理查二世翻身下马，跪在神父搬到他面前的十字架前。他被带到圣爱德华的圣龛前，跪在光滑的朝圣者台阶上，虔诚地恳求忏悔者爱德华保佑，泪流满面。在他身后，所有骑士和侍从也虔诚地下跪祈祷，涕泗横流。与此同时，他们不动声色地互相竞争，看谁表现得最为虔诚、最乐意向圣徒献礼。

在为教堂留下一份馈赠之后，理查二世走到教堂花园内的隐士居所。一位隐士在这里生活了一段时间，理查二世来到这位神秘人物面前，向他告解并咨询宗教问题。

就这样，年轻的国王为自己人生中最严峻的考验做好了准备。

沃尔沃思市长则有更实际的事务要考虑。在离开伦敦城之前，他穿上一套铠甲，外面套着华服。然后他确保每一个能够掌握和调用士兵与武器的保王党人都已整备停当，可以听候他的调遣。他一定通知了伦敦的诸位市议员，让他们准备与自己一同保卫城市。国王在威斯敏斯特向圣龛献礼的同时，沃尔沃思一定在考虑，或许要不了多久，自己就会接到御旨，拿起武器来保卫这座让他扬名并致富的城市。

理查二世从花园走出来。与隐士的谈话让他的心灵得到了慰藉。随后，国王一行前往史密斯菲尔德。叛军总是大呼小叫，所以国王等人在接近目的地的时候一定听见了他们的喧哗。

国王一行人抵达史密斯菲尔德之后转向东方，与聚集在田野西侧的叛军保持距离，然后停在圣巴托罗缪修道院门前。圣巴托罗缪庞大敦实的诺曼风格教堂在他们背后巍然屹立，而刚刚制造了英格兰历史上最大动乱的民众队伍在西北方的田野上焦躁地等待着。[3]沃尔沃思就在国王身边，随时待命。理查二世也做好了准备。他把市长唤到近旁，让他骑马到叛军队伍那里，要求泰勒过来。

沃尔沃思和泰勒已经打过照面。两天前，泰勒在指挥叛军袭击萨瑟克并冲过伦敦桥的时候曾与沃尔沃思隔着伦敦桥对视。现在，分隔这两位粗犷的领导人的不再是泰晤士河的湍流，而是史密斯菲尔德平整的草地，上面随处可见马蹄印和如鼹鼠丘一样的马粪堆。市长骑马奔向叛军，然后停下来呼唤泰勒的名字，要求这个主导了近来一系列惨剧的人在国王面前现身。[4]然后沃尔沃思掉转马头，返回理查二世身边。

当沃尔沃思停在泰勒的队伍前方呼喊他的名字时，泰勒一定感到洋洋得意。伦敦市长召唤他（各郡叛军的总司令）去见国王！这样的殊荣在过去是不可想象的。他觉得自己得到了认可乃至追捧。这可是绿林好汉的歌谣和民间传奇里才有的桥段。[5]

国王一行和叛军队伍之间有一段距离，泰勒骑马过去的时候一定踌躇满志。目前为止，叛军在与君王的手下打交道时屡战屡胜。泰勒和叛军的其他领导人在暴乱当中从兵力上压倒了对方，在谈判中智胜对方，还砍掉了很多国王臣仆的脑袋，并

把它们插在长杆上。事实已经证明泰勒等人是常胜将军，也是
蛊惑人心的煽动者，泰勒自己也对此心知肚明。但他也知道，
叛乱最初阶段的关键在于巧妙地掌控民众的抗争势头。从早期
的乡村起事到伦敦城周边的屠杀，叛军之所以进展顺利，是因
为他们热切地相信自己还将取得更伟大的胜利。

正因如此，泰勒在骑马走向国王队伍的时候仍打算向国王
提出一系列要求。他的新要求再也不是只顾眼前的实务，而是
要用社会革命的语言来重塑这场叛乱。他脑子里的计划远远超
过了叛军在麦尔安德提出的温和的政治要求。他憧憬的是发动
一场彻底的社会变革，将这个被律师和地主支配的国家恢复成
传说中的地方自治社会。很多农民都幻想自己的曾祖父在一百
年前就生活在那样的美好社会里。

奔驰的坐骑载着泰勒一步一步接近国王，他盘算着自己将
要向国王提出的要求，心中无比陶醉。他在国王一行人面前勒
马停下时，似乎已处于半疯癫的状态。

接近傍晚的阳光斜斜地照在他的羊毛兜帽上，但他没有摘
掉帽子。如果摘帽，就等于向对方致敬。他也没有下马，直到
他确信隔着原野的平民能够看清他来到了国王面前。他感到自
己身侧的匕首柄抵着身体，于是将它拿到手里。他用另一只手
保持平衡，从小马的背上跳了下来。

理查二世看着这奇特的景象：这个粗鲁、傲慢而自信的中
年男子只用一只手帮助自己下马，另一只手拿着武器。此人真
是不知天高地厚。叛军总司令对理查二世行了半个屈膝礼
（这个动作无意间构成了对达官贵人的戏仿），然后大步向前，
抓住国王的手，猛烈摇晃，致以伙伴的问候。

"兄弟，尽管放心，"泰勒粗鲁地说，"两周之内还会有四

万平民到此，我们会成为好伙计。"[6]

好伙计？理查二世一辈子还从来没有听过这样放肆的话，何况泰勒是在笨拙地试图恫吓他。国王身边的人被激怒了，气氛一下子紧张起来。

理查二世问泰勒："你为什么不回自己的家乡？"

少年国王的轻蔑态度也许惹恼了泰勒，让他觉得国王不把他当伙计看。于是泰勒发了个毒誓，说除非他们得到自己要求的特许状，他和聚集在饮马池边的平民绝不离开。泰勒的这个要求颇为蛮横，随后他又发出丑陋的威胁：如果不满足他的要求，贵族们会把肠子悔青。

国王身边的人一定勃然大怒。但理查二世保持了镇静，他似乎不愿意与对方正面对抗。就像在麦尔安德的时候一样，他试图揭穿叛军的虚张声势，问泰勒有什么要求；他还说，不管泰勒提出什么要求，都会得到加盖御玺的书面保证。尽管麦尔安德会谈之后发生了一系列暴力冲突，理查二世仍然愿意用妥协稳住对方，从而消解泰勒麾下民众运动的锐气。在麦尔安德，国王也许知道自己是在拿留在伦敦塔里的大臣的生命冒险；现在国王有理由相信，自己在拿伦敦的命运，也许还有自己的王位冒险。叛军已经摆开阵势，拥有武器且组织有序，他们的人数是国王队伍的数百倍，国王或许没有别的选择。

国王的让步迎合了泰勒的傲慢。他感到自己的机会来了，开始侃侃而谈。他提出的不是一连串要求，而是对乡村自治社会的一种异想天开的描绘。那是植根于民间传说的理想化的英格兰。他不再像麦尔安德的叛军那样提出具体的政治要求，而是歌颂自由，赞美他想象中的美好世界：那是一个庞大的乡村社会，只有一种简单的、深得民心的法律，即温切斯特的法律。

温切斯特是盎格鲁－撒克逊时代英格兰的都城，是阿尔弗雷德等不列颠人的国王的长眠之地，也是《末日审判书》（也叫《温切斯特书》）诞生的地方。很多村民相信，《末日审判书》包含了他们古老的土地所有权的秘密。温切斯特与爱德华一世也有紧密联系，他于 1285 年颁布的《温切斯特条例》就社区层面的治安管理作出规定，要求村民分担维护治安的责任，而不是纯粹由中央政府的司法官员来负责，因为这样的官员往往不了解地方的实际情况，也不尊重地方社区。《温切斯特条例》要求对所有罪犯施以毫不留情的惩罚（"绝不姑息任何罪犯，绝不隐瞒任何重罪"），这种精神显然迎合了麦尔安德谈判之后急于复仇的叛军的内心想法。温切斯特是历史悠久的、传统的、符合道德的法律的诞生地，也是农民心中的理想统治的源泉。理想的统治植根于神圣的公平正义，以及对朴素的是非观的热爱；农民认为这样的是非观才是衡量君主是否称职的真正尺度。

泰勒开始阐述自己的哲学。叛军的想法显然已经严重脱离现实。在麦尔安德，叛军要求废除农奴制，而如今泰勒的要求是：废除整个贵族领主制和剥夺法权（outlawry）的处罚手段；人民只尊崇国王一人为主人，除他之外任何领主都不应拥有宗主权。泰勒还呼吁废除教会的统治集团，只任命一名主教和一名高级教士。教士应有足够的生活费，除此之外，所有教会土地与财产应分给教区居民。最后，泰勒重申了叛军在麦尔安德提出的要求，即废止农奴制，宣布所有英格兰人都享有自由且彼此平等。

这种激进的、振聋发聩的思想显然带有他的精神战友约翰·鲍尔的色彩。泰勒就这样结束了讲话。

理查二世能回答什么呢？对方不是在谈判，而是在宣泄疯癫的幻想。但既然过去的周末发生了那么多惨事，泰勒如今的疯狂也不足为奇。

年轻的国王坚守自己的策略，即不惜一切代价稳住叛军，于是他告诉泰勒，泰勒的全部要求，只要是公道的，都会得到批准，国王"仅保留君权"。

然后，国王用比较严厉的语气命令泰勒立即回家。

十七　摊牌

……国王虽然是个少年，仍然勇敢地命令伦敦市长逮捕泰勒。市长……没有发出任何疑问，立刻逮捕了泰勒，猛击他的头部，把他打成重伤……他从马背跌落并死去。英格兰的骑士们原本几乎已经绝望，现在他们第一次看到了希望，明白自己有能力抵抗平民。平民看到泰勒倒毙，立刻哀恸地哭喊："我们的将军死了；我们的领袖被奸诈地杀害了。让我们待在一起，与他一起死。让我们射箭，坚定地为他报仇。"于是他们取出弓箭，准备射击……

——托马斯·沃辛厄姆

史密斯菲尔德，6 月 15 日，星期六，下午 6 点

一片沉寂。

瓦特·泰勒和理查二世相对而立，都不知道下一步如何是好。泰勒希望倒转历史，让英格兰回到古老的传统和没有贵族领主的时代（这种社会只存在于想象之中），而他得到的答复竟然是完全的默许。这不符合他的预期。

他之所以提出如此激进的条件，其动机有一部分是为了维持叛乱的声势。此时叛乱已经蔓延到东盎格利亚，吸引了越来越多的人加入。追逐上述的激进目标能够让他的运动维持生命力和理性主义色彩，并让参与者全情投入。如果没有了这样的焦点，叛乱难免会瓦解成一系列地区性暴乱和零星的农村民变。

泰勒的要求很荒唐，而国王居然同意了，这给不了泰勒任何保障。

理查二世似乎意识到了这一点，并愿意重演一次麦尔安德的豪赌，尽管现在他的整个都城处于危险中。如果他赌输了，那么泰勒打算烧毁全城、谋杀所有贵族与教士的传闻就有可能变成现实。但如果他赌赢了，就有可能大获全胜。他与泰勒对峙，侍从沉默地站在国王身后。国王的心脏此时一定在猛跳。理查二世与泰勒的对峙对在场的其他人造成了如此难以承受的压力，以至于他们一个字都不敢说，担心刺激对方、导致可怕的暴力冲突。两人沉默地互相凝视，谁都不肯让步。

泰勒先乱了阵脚。严峻的气氛和夏季午后的炎热突然间让他难以忍受。为了给自己争取喘息之机，他要求对方送一瓶水来。水送来之后，他故意粗俗地喝得咕嘟咕嘟响，然后往国王脚下吐唾沫。这在君主面前是极其放肆的行为。然后他索要了一罐啤酒。啤酒也送来了，泰勒又猛喝了一大口，然后爬上马背，尽管国王还没有允许他退下。

泰勒的粗鲁行为显然表明他已经完全丧失了对现实的把握。他的野心已经不限于争取改革和获得赔偿。在过去一周里享受的权威已经完全吞噬了泰勒，他在理查二世面前的行为说明他当真相信，因为自己是平民的领袖，过不了多久整个国家会屈从于他的意志。他厌倦了谈判，故意用粗俗的行为表达自己对敌人的鄙夷，然后准备离开。

随后发生的事情快如电光石火。泰勒的粗俗行径和对国王赤裸裸的不尊重激怒了理查二世的仆人。王室一行中有人辱骂这位叛乱领袖只不过是普通的窃贼和强盗。后来有人说这话是约翰·牛顿爵士说的，他是泰勒在布莱克希思扣留的人质，也有说法认为是理查二世的一名男仆说的。但不管是谁说的，泰勒勃然大怒，吞下了这个诱饵，抽出匕首厉声喝道，刚才说话的人一定会掉脑袋。

沃尔沃思等的就是这个时刻。市长骑马奔向正在挥舞匕首、骂骂咧咧的泰勒，高喊泰勒在御前的表现十恶不赦，所以自己要逮捕泰勒。沃尔沃思伸手去抓对方的时候，泰勒用匕首戳向他，直取沃尔沃思的要害。

但沃尔沃思穿着铠甲，所以泰勒的匕首被弹开了。在匕首与护甲碰撞的那一瞬间，泰勒就大难临头了。占了上风的沃尔沃思抽出自己的匕首（这是一种叫作 baselard 的短刀），深深地刺入泰勒的脖子。然后他拔出匕首再次戳刺，这一次插入了泰勒的脑袋。打斗发生在瞬息之间，但有些人和沃尔沃思一样机警。王室的男仆拉尔夫·斯坦迪什爵士离开队伍，冲向打斗的两人，用剑刺穿了这个叛军领袖的身躯。

夕阳西下，榆树的影子越拉越长，向圣巴托罗缪修道院的方向延伸，所以史密斯菲尔德另一端的叛军听不清也看不明白远处发生了什么事。他们只能看见他们的领袖和王室队伍里的几个人都骑着马，短暂地活动了片刻。然后他们看见泰勒调转马头，向他们的方向跑来。

他们没有看见泰勒的脖子血如泉涌，也听不清他垂死之际要求复仇的呼喊。他们只看见他的小马颠簸跳跃着向他们奔来。在坐骑跑了大约 80 码之后，泰勒像碎布玩偶一样从马背上跌落，倒在地上。他们的领袖，把他们从梅德斯通带到伦敦、向城市发动进攻，现在又在国王面前代表他们的领袖，竟然倒下了。

叛乱者先是疑惑不解，然后为怒火所笼罩。究竟出了什么事？远方的无声景象让他们摸不着头脑。刚才泰勒和国王究竟说了什么？泰勒给国王带去了什么消息？他原本似乎是精神抖擞地骑马返回叛军队伍，现在为什么倒下了？大家唯一的反应是弯弓搭箭，准备射击。

国王那边也乱作一团。国王一行人的优势是他们知道是市长砍倒了泰勒，但沃尔沃思从泰勒的脑袋里拔出匕首之后立刻策马离开了原野。这让国王身边的人胆战心惊，有好几名内廷的骑士和侍从惊慌失措地跟着沃尔沃思返回伦敦。

到此时为止，理查二世的表现都像一个在危机面前怯懦而消极被动的孩子，而他接下来的举动非常出人意料。这天下午他在圣爱德华陵墓前重拾了精神的力量，并且他本能地相信叛军只忠于他一人的说法。在他统治期间他第一次果断而勇敢地采取行动。他催马向前，经过倒在地上的泰勒，奔向叛军。理查在走近他们的时候呼喊道自己是他们的国王，并命令人群离开史密斯菲尔德，跟随他前往克拉肯韦尔原野。那是北面几百码之外的一处更安全、更开阔的平地。

对叛军来说，局势的快速变化简直就像一场梦。泰勒死得太突然，而王室队伍的举动又让人大惑不解，所以叛军乱了阵脚。但就在他们陷入大乱之前，理查二世果断地施加干预。在他们眼里，理查二世在履行传奇君王的职责。他是善良的贤君，他认可自己的忠实子民，理解他们的放肆行为其实是在捍卫正义。全体叛军处于一种精神恍惚的状态。少年国王的大驾光临让他们仿佛中了魔咒，放下武器，如羊群一般，开始乖乖地跟随他穿过原野。

理查二世骑马带领着成千上万名卑贱臣民组成的乌合之众，这必令他感到如梦似幻。他从来没有亲眼见过自己的父亲或祖父披坚执锐、威风凛凛地率领军队开上战场。在局势变得有利时顺势而为证明了理查的魄力，但他此时也一定感到兴奋不已，一种王权的思想此刻已在他年轻的心灵里扎下根来。

理查刻意带叛军离开史密斯菲尔德，前往克拉肯韦尔的开阔地。这支奇特的队伍在那里停下脚步，理查二世在队伍最前方，大批叛军则依旧排成若干大队停在原野西侧。

与此同时，沃尔沃思骑马返回伦敦，他身上佩戴的匕首还沾着泰勒的血。他奔向奥尔德斯门的时候一定希望伦敦城的忠实士兵以及掌控城内二十四区的市议员会服从他的指示，且市民能够鼓起勇气反抗叛军。他可能通过布雷姆布利和菲利波特向各区发布自己的消息，但鉴于两天前伦敦塔的王室卫兵已集体丧胆，动员兵力平定叛乱的希望只能寄托在市民武装起来保卫城市的意愿上。

他的希望没有落空。一个又一个区的市民武装起来，赶往史密斯菲尔德援助理查二世。罗伯特·诺尔斯爵士率领一队骑士，在叛乱期间他一直把这支队伍留作预备队。[1]其他武装市民的队伍则跟在他们后面。沃尔沃思派遣大队人马开往史密斯菲尔德，市议员们则带领着各区的治安官出战，这装备精良的队伍终于整装待发，要去攻击敌人以保卫自己的生计。但市长本人却暂时留在城内，召集了一支以小队①为单位的人马。他最重要的使命还没有完成。

沃尔沃思策马返回伦敦之前看到的最后一幅景象是泰勒虽然负伤但斗志不减，他奔向叛军队伍，高声呼吁复仇。市长知

---

① 即 Lance，中世纪欧洲的基本军事单位，指在战场上辅助一名骑士作战的人员，其成员大多各司其职，人数相当于现代军队的"班"。

道，如果要驱散叛军，就必须一劳永逸地消灭匪首。于是他骑马赶往史密斯菲尔德，决心将负伤的泰勒与其他叛军分开，并将他结果掉。

沃尔沃思返回史密斯菲尔德时，发现那里已空空如也。叛军和国王都不在。沃尔沃思往北眺望，可以看见叛军被市议员和城市民兵包围了。他只能希望国王已经与那些增援部队平安会合。

但泰勒在哪里？

市长稍加打听，得知泰勒身负致命伤但一息尚存，被送到了圣巴托罗缪医院。这家医院距离他被砍倒的地点不远。沃尔沃思来到医院，看到叛军领袖奄奄一息地躺在床上，半死不活，正处在医院院长的控制之下。沃尔沃思下令将浑身血淋淋的泰勒从床上拖到史密斯菲尔德的空地中央。仍然留在领袖身边的少数叛乱者被迫目睹泰勒被抬起来斩首。[2]

与此同时，克拉肯韦尔原野气氛紧张，僵持不下。叛军暂时归顺于理查二世，但沃尔沃思的民兵队伍火速赶来，让叛军大吃一惊。现在叛军被武装和训练更为优良的民兵包围，还失去了他们那位擅长激励人心的将军。这群叛军最后看见泰勒的时候，他僵硬的身体正被搬去医院。

国王本人的在场是对叛军的唯一安慰，因为目前为止国王始终表现于愿意善待自己的忠实臣民的姿态。但在马蹄声中，沃尔沃思市长赶到，叛军的错觉被骤然打破。

他带来了一件恐怖的战利品。瓦特·泰勒的首级虽然没有戴兜帽但清晰可辨，它被一队持骑枪的骑兵举在队伍前方，就像几天前叛军举着萨德伯里大主教的首级进军威斯敏斯特一样。国王命令举着首级的士兵上前，将首级摆在他面前。叛乱已经结束，叛乱领袖被打败，伦敦城得救了。理查二世不理睬叛军，热情洋溢地感谢市长的功绩。

精疲力竭的叛军看到这景象，不禁魂飞魄散。他们顿时失去了斗志，纷纷在克拉肯韦尔的田垄之间跪下，一败涂地，精神崩溃。有人哀求国王开恩宽恕他们，让他们回家。理查二世不需要证明什么，也懂得不能鲁莽行事，否则会激起更多暴力冲突。他指派两名骑士引导叛军散去。

叛军在迅速集结到此的民兵的监视下鱼贯离开原野。理查二世转向沃尔沃思，让他戴上一顶尖顶小钢盔。钢盔是战斗时的防具，沃尔沃思不明白国王这是什么意思。他问国王，危险已经解除，现在为什么还要戴钢盔呢？

理查二世告诉他，沃尔沃思拯救了伦敦城，有恩于国王；为了奖赏沃尔沃思，国王将当场册封他为骑士，所以他必须拥有与自己的新身份相称的装扮。沃尔沃思象征性地推辞了一阵，然后跪下。他与布雷姆布利、菲利波特和罗伯特·朗德四人一同被册封为英格兰王国的骑士。

在册封骑士的光荣仪式举行的同时，叛军离开了克拉肯韦尔。在黄昏的最后一缕阳光里，这些疲惫不堪的人投下了长长的影子。他们被民兵看押着穿过了无生气的城市，经过北城墙的大门，然后转向南方，途经狭窄的小巷和面包街那样的通衢大道，返回桥区①。街道再也不属于他们。齐普赛的刑台现在仅仅是一场业已落幕的狂欢的纪念物。血腥狂欢的最终结局也是血腥的。伦敦塔前不久还是叛军的游乐场，如今在夏日的暮

---

① 桥区是伦敦城的一个区，伦敦桥在其辖区内。

光中显得阴森可怖。在佛兰德人的鲜血染红泰晤士河下游河水的地方，吊桥被放下，肯特郡叛军悲戚地离开伦敦城，原路返回。

他们对这条路实在太熟悉了。

第三部

十八　惩罚

国王向他心爱的、忠诚的威廉·沃尔沃思……致意。
尤其在这样的动荡时期，我全心全意希望妥善保护、挽救
和安稳地治理伦敦城，因为如你所知，前不久有人兴兵起
事，侵犯都城……我任命、指派和命令你……保卫、防
御、保护、治理和统治这座城市及其郊区与城外其他区
域……你应遵照我的命令，亦可自行斟酌……你应惩罚所
有胆敢掀起骚乱、反叛和扰乱治安的人……根据英格兰王
国的法律或者按照其他方法，用你认为最方便快捷和明智
的手段，将罪人斩首或施加肉刑……

——史密斯菲尔德事件之后颁发的王室委任状

6月15日（星期六）和16日（星期天）

冥冥天意和市长的务实精神挽救了伦敦。对面色苍白的年
轻国王而言，这可谓一场最富戏剧性的成人式了。坚忍不拔的
富裕老水产商人沃尔沃思从狂怒暴民手中拯救了伦敦城，证明
了自己是一个头脑冷静的实干家。

当威廉·沃尔沃思爵士、约翰·菲利波特爵士、尼古拉
斯·布雷姆布利爵士和罗伯特·朗德爵士在获得册封后从克拉
肯韦尔硬邦邦的草地上起身时，他们一定在感谢上帝将自己从
如此恐怖的灾祸中拯救出来。深感挫败与迷惑的肯特郡叛军现
已离开伦敦，但他们完全有可能像瘟疫一样卷土重来，并彻底

毁灭这座都城。

理查二世和忠于他的伦敦市民赢得的这场胜利绝非一劳永逸。麦尔安德风波之后，叛军运动的方向的确已经逆转，许多疲惫的村民拿着解放他们的特许状离开伦敦，回到家乡。但他们也把凶暴的不满情绪带了回去。

动荡的余波以惊人的速度从伦敦传播到英格兰东南部、东盎格利亚和更远方的城镇与村庄。伦敦是最具戏剧性的叛乱焦点，但到史密斯菲尔德事件发生的时候，英格兰南部几乎每一个郡都经历了某种形式的骚乱。埃塞克斯郡和肯特郡持续发生民变；在伦敦深陷骚乱的同时，米德塞克斯和萨里也不得安宁。

赫特福德郡的圣奥尔本斯庄园发生了骚乱，住在那里的编年史家托马斯·沃辛厄姆用震惊而愤慨的笔触记载了那里的风波。镇上的居民群起反抗圣奥尔本斯修道院长托马斯·德·拉·梅尔的统治，并在麦尔安德谈判的那天向伦敦进军。现在，有消息传到圣奥尔本斯说叛军在伦敦大闹了整整三天，政府几乎未作抵抗；犯上作乱、颠倒乾坤的气氛似乎就要席卷全国。

除了在史密斯菲尔德之外，王室几乎没有采取任何果断的行动。现在再也不能放任这种麻痹和瘫痪的状态持续下去。理查二世开始发号施令，批准了第一次恢复秩序的强力行动。夜色已经降临，在伦敦城内，国王下令起草一份王室委任状，向市长及其盟友授予极为广泛的权力。沃尔沃思、布雷姆布利、菲利波特和朗德，以及他们那位精明强干的军事盟友罗伯特·诺尔斯爵士受命组成一个特别委员会，负责追捕、审判和惩罚叛军。他们的管辖范围不只限于伦敦。在著名律师罗伯特·贝尔纳普爵士和威廉·切恩的协助下，该委员会理论上还有权在距离伦敦城 70 英里半径内的任何地方展开调查，其范围横跨埃塞克斯郡、肯特郡、萨塞克斯郡、萨里郡和米德塞克斯郡。

国王的这个决定很不寻常。尽管在克拉肯韦尔获得册封的四位新骑士都是伦敦的资深市议员，而且沃尔沃思、菲利波特和布雷姆布利曾在 1370 年代曾短暂负责掌管国会的军费财政，但国王如今提升他们为职权跨郡、掌握生杀大权且不受普通法的通常规矩约束的法官，仍然是一个大胆的决定。不过，叛军对伦敦城的袭击已经证明了采取坚定而无情的措施有其必要。

理查二世此举无异于将紧急时期的政府职能托付给由这七人组成的委员会。国王命令他们"以我之名义便宜行事，防御、保护、平定、统治都城及其周边的水陆地区"。[1]七人委员会被授权掌管伦敦城及其周边地区的防务，搜查非法集会，并在时机恰当时加以弹压。

沃尔沃思的委员会得到国王的明确授权，可以指挥各郡和伦敦周边城镇的整个王室司法网络，包括郡长、市议员、市民陪审团等。沃尔沃思委员会还拥有强大的惩罚罪人的权力，有权"惩罚所有胆敢掀起骚乱、反叛和扰乱治安的人……根据英格兰王国的法律或者按照其他方法，用你认为最方便快捷和明智的方式，将罪人斩首或施加肉刑……"

若是在平时，根据通常的法律，罪行再重的叛逆犯也不会受到这样严酷的惩罚。一般而言，重罪犯人应受绞刑，叛国者还要接受开膛的额外惩罚。而"斩首或施加肉刑"的字样体现出了国王的愤怒。这些野蛮指示的背后也许是这位少年国王第一次有据可考的自主决策（他是上述委任状的见证人）。近期在伦敦塔度过的寂寞日子对他产生了深刻影响。他不得不旁听无能的成年人的辩论，他们自称是在为他的利益服务，却在伦敦城熊熊燃烧的时候建议按兵不动。他的母亲遭到叛军威胁，他心爱的威斯敏斯特教堂亦即他加冕的地方遭到歹徒亵渎。他的好几个亲信惨遭屠戮。难怪他现在不信任贵族，而信任伦敦的高层市民：他们虽然没有贵族身份，却斗志昂扬。

但上述的御旨也体现出了金雀花王族内在的睚眦必报精神。理查二世的很多祖先都有这个令人不快的特点。理查二世一定在想，若是他的叔父冈特的约翰站在他的立场，会作何处置。冈特的约翰在受到怠慢的时候会嘲弄和欺侮对手，揪着对方的头发将其拖走；如果不是身在遥远的北方，他一定会主张对叛军血腥报复。上述的命令固然显得斤斤计较，却是经典的金雀花王族的战斗口号；这也是年轻的国王第一次对政府事务施加自己的影响。次日，沃尔沃思正式开始执行他的使命。

伦敦及其郊区等候沃尔沃思的怒火降临之时，周边各郡开始爆发出造反的喧哗。肯特郡叛军当中很可能有一些曾在法兰西打过仗的老兵，他们知道军人惯于在停战之后掳掠财物。史密斯菲尔德的集会刚刚结束，从伦敦回家的大批叛军就开始在克兰顿（距离伦敦城几英里）等村庄敲诈钱财。

而在北方的圣奥尔本斯，骚乱已经持续了一段时间。[2] 市民于 6 月 14 日（星期五）清晨前往伦敦，途中经过了被杰克·斯特劳烧毁的海布里庄园。麦尔安德谈判期间，圣奥尔本斯的居民待在伦敦城及其周边，随后前往圣玛利亚拱顶教堂（圣玛利亚勒波教堂），即齐普赛以南不远处的那座诺曼风格教堂。

在圣玛利亚拱顶教堂，他们开会商议，理智地探讨如何为自己争取自由，摆脱修道院长强加于他们的庄园法律。在这个阶段，他们的目标宽泛但很凡俗：为圣奥尔本斯镇重划边界，因为这会影响他们的放牧权；重新规定自己的捕鱼权、狩猎权和捕鸟权，以及与磨坊和庄园管理者有关的规定。这些都是与他们的日常生活直接相关的具体要求，他们希望恢复自亨利一世国王的黄金时代（当然是想象中的黄金时代）以来逐渐被侵蚀的权益。

圣奥尔本斯叛军的要求很普通，他们的哲学也出人意料地保守。其中的激进分子想借助泰勒暴民的力量，用纵火和谋杀来威胁修道院长，但头脑比较务实的人主张向国王申请一份特许状，让国王指示修道院长恢复民众的权益。他们很愤怒且激动，但还算通情达理。即便到了这个阶段，伦敦城已经陷入混乱，这群人仍然在试图尽量利用社会颠三倒四的状态，为自己争取利益。

然而进入周末，圣奥尔本斯也陷入无政府状态。

威廉·格林德柯布是个脾气暴躁的人，曾因殴打僧侣而遭绝罚。他现在是圣奥尔本斯居民的领袖，并在麦尔安德代表他们从国王那里领取了保障他们合法权益的特许状。但格林德柯布后来跑到瓦特·泰勒那里求援，以威胁修道院长、确保王室的特许状得到执行。泰勒和肯特郡叛军那种激进的、充满幻想的情绪具有传染性，格林德柯布更愿意相信他们的高谈阔论，而不是接受理查二世在法律层面的让步。泰勒承诺派遣2万大军去圣奥尔本斯，杀死那里的僧侣。格林德柯布带着这项承诺回了家。

星期五下午晚些时候，关于塔山的凶残谋杀的消息传到赫特福德郡，促使一群僧侣逃往圣奥尔本斯修道院位于诺森伯兰的下属机构。他们逃得真是及时，因为格林德柯布和一个名叫威廉·凯丁顿的面包师回家之后就宣布自己是"伟大领主"，开始带领市民夜袭修道院，摧毁属于修道院的房屋、树林和大门。

到星期六，破坏和摧毁财物的行为已经非常普遍，大批叛乱者从附近村庄来到圣奥尔本斯，并誓死效忠于反叛的事业。出现于伦敦的那种叛乱模式现在也在圣奥尔本斯上演。格林德柯布的叛军有意识地追随泰勒等激进分子的疯狂哲学。圣奥尔本斯市民针对具体冤情的抗议已经迅速蜕变成精心设计的暴力，不仅表达了他们对修道院长正当的不满情绪，还向世界昭示他们对整个社会秩序的义愤与不满。又一场血腥的夏季狂欢开始了。

整个星期六下午，来自圣奥尔本斯社会下层的大批叛乱者与附近巴尼特的居民一道，在圣奥尔本斯周边和修道院的土地上恣意施暴。和伦敦的情况一样，他们既象征性地捣毁一切代表贵族领主权威的东西，也大肆破坏眼前的一切财产。他们打碎了修道院回廊内摆放的大磨石。这块磨石自 1330 年代就摆放在那里，象征修道院对圣奥尔本斯镇和周边乡村的宗主权。叛军还模仿弥撒之后僧侣向教民分发面包的仪式，将磨石碎片分给众人。他们强迫修道院长交出所有地契和法律文书，并在公共场所点燃篝火将其烧毁。然后他们要求修道院长将一份（传说中的）特许状归还，据说它是由撒克逊国王奥法颁发的，用美丽的金色与蓝色文字记载了平民享有的古老自由与权利。

为了表示他们与伦敦叛军同心同德，圣奥尔本斯叛军还模仿了萨德伯里被斩首时塔山上叛军发出的那种令人毛骨悚然的嚎叫。他们闯入修道院的监狱，把一名犯人拖到修道院大门前的一大片空地上斩首。这个受害者的脑袋当然也被插到一根长杆上。星期六晚上，当沃尔沃思委员会准备恢复伦敦的秩序时，圣奥尔本斯及其周边的赫特福德郡乡村已经掀起了自己的叛乱。

和伦敦的情况一样，圣奥尔本斯动乱的背后也有越来越强的乡村保守主义思想。叛军烧毁了近期的庄园地契与文书，接受从麦尔安德来的王室特许状，并且越来越渴望得到传说中的那份奥法的特许状。对这些叛军来说，奥法的特许状成了他们重返古代美好时光的渴望的象征。问题是，它只存在于人们的想象中，正如古代的黄金时代也不曾真正存在过。星期日上午，僧侣们无比绝望，因为叛乱者威胁称如果他们不归还奥法的特许状就要烧掉修道院。修道院长的部下无论怎样哀求，都无法让格林德柯布的人相信奥法的特许状根本不存在。和国王在麦尔安德的情形一样，修道院长非常巧妙地同意了叛军提出的每一项与政府的实际情况相关的要求，即便他不得不允许叛军毁坏财产。但对于叛军索要他们的神话传统之物证的要求，修道院长就无能为力了，这一要求无异于让他们给独角兽配马鞍。

星期日上午，雄伟的修道院面临火攻的威胁，僧侣们准备逃跑，避开那些满嘴无理要求的叛乱者。现在来自周边的村镇卢顿、沃特福德、巴尼特、里克曼沃斯、特灵和雷德本的平民也加入了暴民队伍，其中有些人欺侮并威胁了当地绅士，强迫后者为他们代言。成群结队的叛乱者手持武器在圣奥尔本斯周边游荡，为自己新近得到提升的地位而陶醉，期待着从身陷重围的修道院长那里获取新的文书以及古老的特许状。

挽救局势的是从伦敦不断传来、越来越紧迫的消息：瓦特·泰勒已经死了。泰勒在国王御前被杀的消息迅速传播，随后又传来了理查二世签发特许状的消息。圣奥尔本斯叛乱的声势一下子减弱了许多。格林德柯布及其他领袖继续像之前几天那样趾高气扬地活动，但他们在与修道院谈判时温和了一些。叛军不再阻塞修道院周边的道路。对于从暴民手中挽救修道院，僧侣们突然感到了希望。

星期日，谈判继续进行，叛军比以前客气了许多，不过据说修道院长德·拉·梅尔还是对他们的放肆和傲慢气得咬牙切齿。随后几天，附近的村民不断来到修道院，挥舞着锈迹斑斑的斧子四处乱跑，要求给他们自由、恢复古老的习俗、让他们免于劳役。但他们的自信心持续减弱，再也不像星期六那样鲁莽冲动了。

伦敦方面知悉了圣奥尔本斯修道院的困境。理查二世在设立了沃尔沃思的惩戒委员会之后，任命王室内廷总管休·西格雷夫爵士为掌玺大臣。但西格雷夫和另一名骑士托马斯·珀西爵士（圣奥尔本斯修道院的恩主之一）此时能做的就是写信给修道院长，建议他继续答应叛军的所有要求，稳住他们，同时等待国王的支援。

泰勒运动的影响力和思想如此迅速地向北传播，这一定让西格雷夫、珀西和重新集合的重臣会议忧心忡忡。此时动乱从伦敦向四面八方蔓延，圣奥尔本斯的暴乱只是乱局之千头万绪中的一缕。到星期日晚上，骚乱已经蔓延到白金汉郡、贝德福德郡、剑桥郡、诺福克郡和萨福克郡；远在北方的约克郡贝弗利也发生了市民骚乱。埃塞克斯郡仍然处于动荡之中，肯特郡也有可能再度爆发叛乱。

　　泰勒虽然死了，但新的领袖在崛起。威廉·格林德柯布、约翰·乌劳和杰弗里·利茨特等人率领多股叛军袭击贵族领主的其他大本营。这些人对秩序造成了严重威胁。更何况，最神出鬼没、且最为危险的煽动者依旧健在：约翰·鲍尔。

十九　主教

在埃塞克斯、萨福克和诺福克，平民……纷纷起事，作奸犯科，杀害了许多贵人……他们将国王的主要法官约翰·卡文迪许斩首，还处死了罗伯特·塞尔爵士……在彼得伯勒，修道院长的邻居和佃户起来反抗他，打算夺他的性命。若不是上帝在最后关头约束他们，修道院长就真的没命了。好在诺里奇主教亨利·德斯潘塞大人及时赶到……

——亨利·奈顿

6 月 17 日，星期一

约翰·鲍尔依然在逃。

史密斯菲尔德事件之后，他逃往北方。和大多数叛军不同，鲍尔不能返回肯特郡或埃塞克斯郡，因为早在叛乱爆发前，他在这两个郡的恶名便已颇为昭彰；后来他在布莱克希思向成千上万人布道，又在塔山参与谋杀了一位大主教，所以他已经是英格兰东南部最知名的人之一。

鲍尔向北逃往他的家乡约克。这一消息不胫而走，比他本人跑得更快，他慷慨陈词为之洗礼的叛乱如今已经蔓延到了他的家乡。早在星期一当天、鲍尔正在旅行之际，满腹冤屈的市民便已开始摧毁约克的城门、城墙和宗教设施。

叛乱很快波及全国，而约克是这场全国性叛乱的最北端。

斯卡伯勒和贝弗利也发生了叛乱。整个英格兰东海岸从南向北，乃至内陆深处的莱斯特和白金汉郡等地，都被伦敦叛乱的消息煽动起来。无政府状态的浪潮横扫全国，鲍尔则与这浪潮一同北上。[1]

鲍尔很可能转移到了叛乱地区的西部边界，而从来没有深入叛乱新的心脏地带。政府正缓慢地开始采取行动对付叛乱者，所以他如果深入叛乱地区的话就太危险了。他也不能公开布道，因为那样就会暴露自己。这让鲍尔进退两难：他认为这场叛乱运动由他主导，但他如果不做布道，就无法继续对这场运动施加影响；而一旦公开布道，他就很可能被逮捕，并遭遇和他的战友泰勒相同的命运。

答案是必须寻找新办法来传播他的讯息。所以他一边旅行，一边写下书信寄给远方的追随者，向他们提供精神指导。鲍尔的书信有很多留存至今，这能让我们深入地了解他的心态。他看到，叛军在史密斯菲尔德遭受的失败以及部分叛军对财物的贪恋让叛乱丧失了很大一部分活力，许多忠实的追随者也动摇了。从他的言辞来看，鲍尔对自己的叛乱的性质发生变化十分担忧。他发给埃塞克斯郡叛军的一封信很有代表性：

> 约翰·谢普，曾为约克城圣玛利亚教堂的神父，现居科尔切斯特，向无名约翰、磨坊主约翰、车夫约翰问候，并请他们提防本市镇的奸诈［变节］，以上帝的名义团结一心；并请农夫皮尔斯去教训强盗霍布及其同伙；只带诚实的约翰及其伙伴去即可，不必带其他人；提高警惕，保护自己。

鲍尔接下来在信里写了一段韵文：

> 磨坊主约翰在磨面，磨呀磨呀磨，
> 天主的儿子会为一切付账，
> 一定要明辨，否则会吃苦头——
> 要明辨敌友，
> 若是够了就说"够了"，
> 过得越来越好，避开罪孽，
> 寻求太平，安心守着太平，
> 就这样嘱咐诚实的约翰和他的伙伴。

鲍尔强调了自己的根在约克，并且与埃塞克斯郡有联系。他的目标显然是北方。书信里的暗语十分神秘，收信人是他曾经的战友。鲍尔称他为"磨坊主约翰"和"诚实的约翰"，这不仅仅是为了保护收信人，也是为了唤起那种理想化的、坚定而充满同志情谊的平民精神。

现在的鲍尔比从前更害怕遭到出卖，也更害怕反叛的宗旨遭到扭曲。他带着受害妄想狂的精神告诫追随者"提防本市镇的奸诈之心"，并呼吁大家保持克制，坚守虔诚勤恳的美德。这说明他在旅行途中发现，随着叛乱运动的四分五裂，叛乱的最初目标已经被人们抛在脑后，取而代之的是贪婪和盗窃。

他在北上途中发出了许多这样的书信，除了用自己的真名外还使用了多个具有寓言意义的笔名。有时他自称"车夫杰克"，有时管自己叫"诚实的杰克"。在几乎所有信里，他都说新时代已经降临，大家需要坚定自己的意志，抵制欺诈，纯净自己的心灵，拒绝饕餮、贪婪和抢劫。

从这些信的内容上看，鲍尔似乎仍然相信自己拥有叛乱运动的中央领导权。但事实并非如此。他的好运气已经快用光了。星期一，鲍尔在骑马前往米德兰兹东部（他的最终目的地是约克）的时候并不知道，距离他不到两天骑马路程的地方，另一个特立独行的教士即将主宰本年度夏季动乱最后阶段的进程。

和鲍尔一样，诺里奇主教亨利·德斯潘塞既是虔诚的信徒，也是一个实干家。但他还是贵族地主、教会统治集团的成员，以及国王和基督的坚定盟友。德斯潘塞是爱德华三世时代精力充沛的骑士阶层的典型成员：他出身优越，青年时代在欧洲大陆接受战火洗礼；身为活力四射、本领高强的军人，他得到了教宗乌尔班五世的青睐。1370 年，德斯潘塞年仅二十七岁的时候，教宗破例将他任命到空缺的诺里奇主教的位置上，因为在教宗眼里他不仅拥有军人的美德，还有为基督而战的热忱。德斯潘塞不仅用布道，还能用利剑来捍卫基督教会的利益。在这之后的十一年里，德斯潘塞声名远播，大家都知道这位主教关心的事务不仅局限于教民的精神福祉。

和鲍尔一样，德斯潘塞对东盎格利亚的叛乱有足够的了解，知道泰勒的死亡和年轻国王在史密斯菲尔德的胜利给这场大戏带来了逆转。周末，德斯潘塞离开诺里奇的主教府，前往位于米德兰兹东部的伯利庄园。这是他家的宅邸之一，位于蜿蜒流淌的格沃什河冲积平原上的森林之中的一个村庄。在途中，他亲眼看到动乱已开始波及乡间。

德斯潘塞于星期六离开诺里奇可谓十分及时，因为他刚刚抵达伯利，诺里奇城郊地区就落入了由一个名叫杰弗里·利茨特的染匠领导的暴民手中。离开诺里奇就意味着躲过了利茨特的围攻，说不定德斯潘塞也因此躲过了和伦敦的那位大主教一样的噩运。伯利是个安全的地方，交通便捷，倘若骑马疾驰，只需不到两天即可抵达他的主教驻地。伯利拥有良好的武器储备且正好位于叛乱地区的西部边缘，他可以把这里当作基地，安全地静观事态发展而无需担心被叛军俘虏。

在骑马旅行的时候，德斯潘塞从北面经过了受到游荡叛军威胁的地区。虽然避免了与叛乱者爆发正面冲突，但从听到的消息来看，他很快就不得不与他们面对面了。

乡间一定流言四起，把全国各地的暴乱讲得绘声绘色。从北海岸边到英格兰东部沼泽地带的边缘，冈特的约翰在诺福克多地的资产都遭到攻击。成群结队的叛军骑马穿过乡村，杀人放火，围攻城镇和修道院，企图强迫乡村士绅接受他们的领导。

德斯潘塞不管在何处逗留，应当都听说了东部地区几乎每个主要城镇周边都爆发了严重暴乱的消息。除了利茨特在诺里奇及其周边地区称王称霸之外，剑桥、金斯林和伊利也发生骚乱。亨廷登和更北方的莱斯特都在准备抵挡叛军。

在这些地区，权力几乎完全被叛军篡夺。其中最危险的一股叛军的领导人是被逐出教门的神父约翰·乌劳。乌劳及其部下行事特别凶狠，手段包括敲诈勒索、纵火、抢劫乃至谋杀。他们的活动集中在剑桥、贝里与伊利之间的三角地带。

德斯潘塞于星期日抵达伯利时一定已经听说了乌劳的名字，因为此时乌劳及其同伙已经闯入贝里的圣埃德蒙兹修道院，窃取了价值数百镑的珠宝和财物。他们用抢来的财物换取葡萄酒，喝得烂醉如泥，并向塞特福德镇和萨福克的各地居民敲诈保护费，还洗劫教堂、偷窃马匹、摧毁房屋。光是这些罪行就已经让乌劳臭名远扬，而除此之外，一群与他联系紧密的叛军还谋杀了王座法庭的主审法官约翰·卡文迪许爵士。

这样的罪行和谋杀萨德伯里与黑尔斯同等严重。星期五，卡文迪许在莱肯希思村被斩首，他的首级被挂在市场示众。他惨死的消息一定从贝里传了出去，至少传到了剑桥，因为卡文迪许是剑桥大学的校监。随后这一噩耗一定从剑桥传到了西北方的伯利。有很多恐怖的故事在流传，描述叛军如何玩弄卡文迪许和剑桥的约翰（贝里圣埃德蒙兹修道院的院长）的首级：叛军将他们的血淋淋脑袋插在长杆一端，表演了一出令人毛骨悚然的"木偶戏"，让两个人头互相"交谈"和亲吻，以戏仿两人生前的密切关系。修道院长的尸体被剥去衬衫和马裤，躺在光天化日之下。因为害怕乌劳叛军的报复，无人敢收殓尸体，甚至不敢触碰。

因此在星期日晚上抵达伯利之后，德斯潘塞主教没有时间坐下来休息并思考，何况这原本也不符合他的天性。乱局已迫在眉睫。次日，他召集了一小股武装人员：八个小队的士兵和几名弓箭手。他自己也全副武装，带着这队人马冲向正在肆虐的叛乱风暴。

德斯潘塞从伯利骑马向东，沿着河流来到斯坦福，他在这里得知东南方几英里外的彼得伯勒遭到了叛军攻击。彼得伯勒崭新而宏伟的修道院是英格兰最富庶的宗教机构之一，那里存放着被谋杀的殉道者圣托马斯·贝克特的遗物和诺森布里亚国王圣奥斯瓦尔德的臂骨。不过入侵者未必对这些圣物感兴趣，他们想要的是修道院的金银财宝、院长的脑袋，以及与土地、磨坊、内河收费站和林地有关的法庭卷宗和档案。和圣奥尔本斯一样，此地的修道院与佃农之间也有着由来已久的矛盾，当下的混乱因而为自认被压迫者提供了讨回公道的绝佳契机。

但对这些叛乱者而言，寻求公道的手段不是理智的抗议，而是血雨腥风。德斯潘塞抵达修道院时看见的是一幅癫狂的景象。修道院教堂庞大的拱形西立面遭到围攻；在山墙上的圣彼得、圣保罗与圣安德鲁雕像的下方，一大群修道院的邻居与佃农呼喊着要取修道院长的性命。[3]他们焦躁不安、激动不已。著名的骑士罗伯特·塞尔爵士在诺福克被杀的消息让乡民更加激动。[4]还有传闻说萨福克伯爵威廉·厄福德因为害怕被叛乱者抓住，已经乔装打扮成仆人逃离自己的领地。有一股叛军非常想让他担任他们的傀儡领袖。

教士和贵族如今都遭到围攻，彼得伯勒的叛乱者哪里会料到此时竟有一位精神抖擞的主教提着一柄硕大、笨重的双刃剑杀来。德斯潘塞的部下冲向暴民，将他们打得抱头鼠窜。德斯潘塞此时没有开恩的念头，他的那一小队人马将他们能抓得到的每一名叛军都砍翻在地。

一些叛军逃进了修道院教堂，躲到厚重的诺曼时代石墙背后，以求在这里得到宗教庇护。但德斯潘塞此时的身份更多是武士而不是教士。他认为那些叛军既然无所顾忌地毁坏了教堂的外墙，就没有资格索取教堂避难权，于是带队追杀到祭坛前，命令部下将叛乱者全部砍成肉酱。

一位主教挥舞利剑拯救修道院的事迹颇有些讽刺意味，兰开斯特的编年史家亨利·奈顿对此深有体会。他记载道，彼得伯勒的叛军要么被俘，要么被杀死在教堂内外，他们的信心一下子灰飞烟灭。

"先知［福音书作者圣约翰］的话应验了，"对此事的结局颇感满意的奈顿写道，"你必用铁杖打破他们，你必将他们如同窑匠的瓦器般摔碎。"①

　　但在德斯潘塞主教看来，他的使命并未结束，而是刚刚开始。约翰·鲍尔此时正在他的西边，偷偷返回自己的家乡约克郡。目标明确、斗志昂扬的德斯潘塞决心回到自己在诺里奇的家。渴望成为平民之王的染匠杰弗里·利茨特正准备进入诺里奇城，强迫骑士们为他效力，并从市民那里敲诈保护费。此时国王和重臣会议还没有完全控制伦敦周边地区，所以在可预见的未来，政府无力援救诺里奇。因此，现在整个东盎格利亚都仰仗德斯潘塞的保护。在将抓获的俘虏妥善控制起来之后，德斯潘塞主教将目光转向南方的亨廷登。

---

① 原文如此。这句话出自《旧约·诗篇》第2章第9节。不过福音书作者圣约翰所著的《新约·启示录》第2章第27节写道：他必用铁杖辖管他们，将他们如同窑户的瓦器打得粉碎。

二十　以暴制暴

约翰·鲍尔，圣玛利亚教堂的神父，向诸位问好，并请你们以三位一体的名义，以圣父、圣子与圣灵的名义，精诚团结，勇敢地捍卫真理。你们帮助真理，真理就会帮助你们。如今虚荣统治人间，嫉妒被视为智慧，淫荡的人不知羞耻，饕餮之徒不受指责。骄傲与奸诈并行，懒惰成为风尚。上帝保佑我们，因为时辰到了。阿门。

——约翰·鲍尔的书信，出自亨利·奈顿保存的文件

6 月 18 日（星期二）和 19 日（星期三）

自叛乱者被从伦敦彻底驱逐已经过去了整整两天，理查二世和重臣会议终于可以开始重整政府的统治机构了。

在伦敦，沃尔沃思和市议员们领到的委任状生效了。他们享有施加肉刑、斩首和法外处决的权力，所以他们的报复既迅猛又残暴。"以前从来没有过绞刑架的地方现在立起了绞刑架，因为原有的绞刑架远远不够处置犯人，"威斯敏斯特的编年史家写道。

在齐普赛繁忙的大道上，被叛军杀害之人的血迹还没有被清洗干净，新的刑台便已被设立起来。对于因参加叛乱而被判死刑的人必须尽快行刑。有的犯人被斩首，有的则先被处以绞刑然后斩首。现在，杀人的依据是国王的法令。鲜血在大街上凝结，与干草和泥土混在一起。尽管伦敦城前不久刚刚经历过

叛军的血洗，如今的大规模处决仍然令人震惊。人们通常期待国王法令的执行会比较克制，更何况公开的仪式性处决具有一种恐怖的象征意义。

但沃尔沃思的司法仍然具有《旧约》一般的严酷意味，令人胆寒。这不是以眼还眼，更多是以命抵命。河畔社区的佛兰德人遭到叛军屠杀，现在沃尔沃思允许佛兰德人亲手处决参与屠杀的叛军。佛兰德妇女努力挥舞沉重的斧子，处决那些杀害她们丈夫的凶手。如今在伦敦执行死刑的不是不偏不倚的执法者，而是受害者的朋友和举起斧子为夫报仇的寡妇。[1]惩罚固然严酷，但在理查二世和重臣会议看来，政府在经历磨难之后决不能心慈手软。

年轻的国王在史密斯菲尔德展现出帝王的宽宏大量，但如今他已变得铁石心肠。理查二世再也不必为自己的生命和城市的安全担心，于是之前的惊慌让位于愤怒。冒犯英格兰国王的后果不堪设想。年纪轻轻的理查二世已经开始表现出历代金雀花国王（可以追溯到亨利二世）那种睚眦必报的精神。

在保障了伦敦城的安全之后，他于 6 月 18 日亲手签署了一份命令状，将其发给各郡的"每一位郡长、市长、执行吏和其他忠实的臣民"，呼吁他们用武力对抗所有扰乱治安的叛贼。理查二世的这份命令状可不是一纸苍白的程序性文书，而是在喷吐怒火。他辛辣地写道："我希望诸位通过这封信能够明白，[形形色色的叛乱臣民]掀起的叛乱、集会和暴行，绝没有得到我的批准或授权，因为这些恶行根本就不应当被计划，更不应当被执行。"

命令状继续写道："这些恶行令我无比震怒，我感到这些行为是对我的极大冒犯，它们损害了王室的尊严，也侵害和扰乱了我的整个王国。"[2]

国王的这些书信被发往全国各地，并在几天后送抵英格兰各郡。此时全国各地仍处在动荡之中，各种阴谋诡计和结党行为仍然很猖獗。现在全国都知道了，国王很愤怒。

但在东盎格利亚，国王震怒的消息还没有影响到在各郡活动的叛军的热情。约翰·乌劳领导的叛军在贝里的圣埃德蒙兹修道院犯下的血腥谋杀行在他们得知泰勒被打败之后就消停了。不过在萨福克以北，动乱仍在继续。诺福克和剑桥各地的庄园仍然持续遭到暴乱民众的袭击，他们要求恢复古老的自由，烧毁法庭卷宗和其他象征土地私有制和领主制的东西。和伦敦的情况不同，这里的叛军对于改革整个国家几乎没有想法，他们总体上都只想解决本地的纠纷。

野火燎原般的暴力冲突让英格兰各地的贵族与地方官胆战心惊。亨利·奈顿回忆道："在国内每个地区，不管多么偏远，人们都因为害怕叛军而颤抖；所有人都担惊受怕，觉得叛军仿佛随时可能杀到。"在莱斯特，市长命令每一位市民武装起来，准备抵抗据说正在从哈伯勒（位于莱斯特东南方约五英里处）赶来的一股叛军。最终并没有叛军到莱斯特，但人们吓破了胆，莱斯特修道院长甚至拒绝在修道院存放任何属于兰开斯特公爵的贵重财物。莱斯特城属于冈特的约翰的领地，但恰恰在这里，他成了大家避之唯恐不及的人物：人们将城堡里属于公爵的财产搬走，以免叛军踏平萨伏依宫的噩梦在这里重演。

全国各地人们的疑虑与恐惧愈演愈烈，而诺福克的叛乱出现了一个令人不安的新变化。传说好几位当地士绅担任了叛军领导人。杰弗里·利茨特在诺里奇得到了罗杰·培根爵士的支持。培根协助领导叛军攻击城市，亲自骑马带领叛军队伍，并且身披甲胄，大展旌旗，仿佛要出征打仗。这是非常严重的事态，表明叛乱的社会阶级界线正在发生危险的变化。

东盎格利亚虽然陷入混乱，但仍有一个重要的权威人物还在坚持，那就是德斯潘塞。在于彼得伯勒取胜之后，德斯潘塞和他装备精良的手下开始集结当地的第一支组织有序、全副武装的亲政府力量。到 18 日（星期二），这股势力已在彼得伯勒、亨廷登和伊利之间的沼泽三角地带造成了显著的影响。

前一天晚上，一群叛军在北上途中经过了小镇亨廷登。据一位编年史家记载，"这群恶徒打算践踏这里的土地，凌虐这里的良民"。[3] 亨廷登是连通伦敦、林肯和约克的北上道路的必经枢纽，这里有一座建于 1330 年代的五拱石桥横跨乌兹河，是附近的地区的主要通道。

河流天堑的地利、德斯潘塞穿过英格兰东部沼泽地带的喜讯以及集体的钢铁意志让亨廷登的居民士气大涨。当叛军抵达石桥时，他们遇到了由来自威斯敏斯特官僚机构的官员威廉·怀特曼率领的一支士气高昂的居民队伍。这些亨廷登居民想必拥有不错的武装，他们在与叛军交锋时杀死了两三人，并把其余人吓跑。这次胜利的规模虽小但意义重大，参战者后来得到了国王的嘉奖。他在 12 月公开感谢亨廷登镇居民的忠诚，并于次年赏赐怀特曼一笔年金，奖励他击退入侵者的壮举。这些奖赏实至名归，因为小小的亨廷登在保卫自己的桥梁时表现出了比伦敦人在基督圣体节那天大得多的勇气。

这种精神传播到了亨廷登以北几英里处的拉姆齐修道院，一群来自伊利的叛乱者正在那里用常见于整个东盎格利亚的手段敲诈修道院长：他们用约翰·乌劳或已故的瓦特·泰勒的例子来威吓对方，宣称要派出成千上万的人马前来踏平修道院，除非修道院长恢复平民的自由并拱手交出法庭卷宗。前一天夜里，伊利的叛乱者将大部分时间用来在拉姆齐镇上享用从修道院敲诈来的面包、葡萄酒、啤酒和其他食物，结果第二天上午他们都醒得很晚。

这群仍然处于宿醉状态，或者至少是身心疲惫、神志模糊的叛乱者成了德斯潘塞的活靶子。急于乘胜追击的亨廷登居民加入德斯潘塞的队伍，一同冲向叛军。这似乎是一场力量不均衡的战斗。许多叛乱者拔腿就跑，保王党人追上他们，把他们砍死在路边。亨廷登郡各城镇、乡村与大路边的树上挂着叛乱者的首级，这让其他叛军闻风丧胆，不敢攻击这片异常顽强的保王党根据地。

德斯潘塞就这样向他的主教区推进。目前为止他还没有遇到什么严峻的考验。不过，通往诺里奇的道路仍然危机四伏。主教从亨廷登转向东方，前往剑桥。

德斯潘塞于 6 月 19 日抵达这座小小的大学城，从西北方向进入剑桥。剑桥的周边是一片沼泽地，其中有一座孤立的山丘，顶上有一座城堡，但城堡里的人看到剑桥镇遭受摧残也爱莫能助。从亨廷登到剑桥的路程不远，德斯潘塞在途中一定对剑桥的严重动乱有所耳闻。[4]当地市民和来自郡里的煽动者共同制造了暴乱。叛军的第一个举动是袭击当地地主和为王室服务的官吏哈尔斯顿的罗杰的地产，接下来他们的活动向外扩散。剑桥社会的许多群体都被卷入其中。

哈尔斯顿的罗杰是暴乱的主要受害者之一，他在本城和郡里的身份都不讨平民喜欢，因此遭到报复。他是剑桥的市议员，且非常富裕；此外，他还与郡政府有密切联系，曾担任议会议员，还是负责执行劳工法律与征收人头税的专员。他是个积极为自己牟取私利的贪婪官员，也是土地投机者，近来从剑桥和分布在周边各郡的庄园里榨取了大量财富；不幸的是，他身上集中了叛军憎恨的每一种特点。在基督圣体节那个周末的暴乱期间，他的财产遭到叛军破坏。

但当德斯潘塞骑马入城的时候，他看见的不只是攀龙附凤的哈尔斯顿的罗杰的财产遭受毁坏。城里满目疮痍，经济和宗教中心都遭到洗劫。圣玛利亚教堂在星期日遭到攻击和劫掠，如今惨不忍睹。珠宝和金银器被偷走，大学的保险箱被撬开，存放在里面的重要文档以及与行政管理相关的契据（剑桥大学在城里享有相当广泛的管辖权）都被掳走。

德斯潘塞若在路上继续骑行一百多码，就能看见剑桥大学基督圣体学院，这处设施也遭到了入侵，收藏其中的书籍、信函、特许状和其他文档都被抢走。加尔默罗会修道院也遭遇了同样的命运。大学行政官员威廉·威格莫尔名下的一座房屋也遭到洗劫和破坏。

凌乱不堪的市场显然也经受了暴乱的侵袭。叛军曾在这里点燃庞大的篝火，把从大学保险库抢来的文件付之一炬。暴民聚集在篝火周围，不断向火中投入抢来的羊皮纸。地上的灰烬与薄薄的封印火漆混合在一起。暴民用木棍、刀子或者手边的其他武器把火漆印从文件上刮下来。一个名叫玛杰莉·斯塔尔的女性市民将灰烬掀起，任它在夏日空中飞散，同时高呼："打倒僧侣的学问！打倒它！"她因此一度臭名远扬。

玛杰莉·斯塔尔那种兴高采烈地破坏财物的精神已经蔓延全城。由本地市民和农村叛军组成的暴民队伍蹂躏了属于巴恩维尔修道院（距离城中心有一些距离）的园林和财产。受到恫吓的修道院长屈服于叛军的意志，签署了价值 2000 英镑的契据。剑桥大学的校监约翰·卡文迪许几天前死在乌劳的同伙手里，现在大学的管理者别无选择，只能像巴恩维尔修道院长那样屈服。他们被敲诈了 3000 英镑，还被迫同意了一系列关于市政管理的协议，这些协议对镇上居民极其有利，而被销毁的旧协议则对他们特别不利。

和剑桥镇上一样，周边乡村也遭到破坏。马蹄和人足把进出剑桥的道路践踏得不成样子。郡里的叛军来到剑桥，参与对哈尔斯顿的罗杰之宅邸的攻击。有些暴民受到了泰勒叛军的启发，甚至与其有接触。也有一些剑桥镇的居民时常到乡间施暴，包括 6 月 9 日在科特纳姆反对哈尔斯顿的罗杰的暴乱的始作俑者。多达 160 名剑桥镇居民在星期日骑马来到辛盖的医院和两座分别位于斯蒂普尔默顿和贾尔斯默顿（吉尔登默顿）的庄园，参加农村叛军的暴乱。这股叛军既怨恨医院骑士团，也嫌恶本地的地主托马斯·哈西尔登。

遗憾的是，德斯潘塞与剑桥镇长埃德蒙·利斯特的对话内容没有被记载下来。主教对这位所谓的镇民领袖在城市暴乱中扮演的角色肯定有精彩的评价。与伦敦和其他受到叛乱影响的主要城镇不同，剑桥镇政府的领导者竟然赤膊上阵，领导了本地的叛乱。镇长自称受到了叛军胁迫，而且他误以为国王已经站到叛军那一边，所以在这个周末的大部分时间里都在统领剑桥镇的叛军，尤其是领导了对剑桥大学和巴恩维尔修道院的袭击。德斯潘塞一定能清楚地看到，剑桥暴民当中来自郡里的人一定因为得到了镇长和镇议员的领导（不管他们是否心甘情愿）而勇气倍增，并且获得了一定程度的合法性。

不管德斯潘塞对利斯特说了什么，他的言辞似乎都很有效。因为和彼得伯勒与亨廷登郡的情况不同，主教在剑桥似乎不需要动武。主教大人即将驾临以及国王对叛军极其愤怒的消息已经在前一天传到了剑桥，于是当地的叛乱迅速结束。城镇和乡村一片狼藉，但暴乱期间发生的流血事件较少，也没有武装抵抗。叛军毁坏财产和敲诈特许状的罪行很严重，但德斯潘塞不能轻率地处置镇政府的高层，因为他害怕该城会陷入彻底的无政府状态。毕竟，周边的乡村已经够乱了。

　　来到剑桥之后，德斯潘塞距离自己的主教区就很近了。但如果要抵达那里，他还必须穿过最危险、最无法无天的地区之一。他现在还无法确知诺里奇的情况，以及谁在主宰那里的局势。只有亲身去了那里，他才能知道。

二十一　诺里奇

主教匆匆赶往诺里奇，来到北沃尔舍姆。叛军选择在这里等待国王的答复以及他们同伙的归来。主教在乡间骑行时，越来越多人赶来投奔他。当地的骑士和绅士之前因为害怕叛军而躲起来避风头，现在他们来到主教身边，看见他完全是骑士的装束，头戴铁盔，身披能防住弓箭的锁子甲，手持双刃剑……

——托马斯·沃辛厄姆

东盎格利亚，6 月 22 日，星期六

德斯潘塞向东北方的诺里奇主教驻地前进，每走一英里就更接近最危险的叛乱地区。之前在叛乱地区的西部边缘，他勇敢地运用积极的军事策略和主教的威严击溃了好几股城镇和农村叛军。但那些地方的叛军组织最为零乱。当他向诺福克海岸的方向前进时，他就迎头闯入了叛乱的核心地带。

诺福克郡是真正陷入全面叛乱状态的各郡之中最靠北的，也是最后一个爆发叛乱的郡。萨福克郡和剑桥郡在基督圣体节之前就受到埃塞克斯郡叛乱的感染，而诺福克郡东部直到 17 日（星期一）还很安宁，那一天德斯潘塞还远在伯利。

17 日之后，在 1380 年 11 月和 12 月得到任命的十四名诺福克治安专员当中有九人成为郡里平民的攻击对象。这九人包括冈特的约翰（他在该郡的东北部拥有地产）、威廉·厄福德

（萨福克伯爵）、罗伯特·霍华德、斯蒂芬·黑尔斯和雷金纳德·德·艾克尔斯等人。[1]德斯潘塞主教位于海文厄姆的庄园已经遭到劫掠，那里的档案也被焚毁。

在之前的周末，叛军的煽动者骑马穿过了诺福克东北部的各村庄，鼓动当地农民起来造反。星期一，来自全郡各地的村民稳步逼近茅斯霍尔德荒原，这是诺里奇城附近的一大片荒野和林地。

他们的领袖是来自费尔明厄姆村的染匠利茨特。他似乎和泰勒与鲍尔一样，有能力凭借自己天生的领袖魅力来指挥大批群众。他的一些同伙在该郡西部发动了一些零星的暴乱。他还给自己的运动带来了一种非常危险的元素：不少诺福克本地绅士加入了他。

利茨特的绅士盟友当中最主要的是罗杰·培根爵士。培根是来自培根索普的骑士，该庄园距离诺福克郡的北海岸约六英里，从那里骑马去诺里奇城只需半天。我们不知道培根为何对地方和全国的政策不满，但他显然对新的统治阶层颇为反感，所以愿意拿自己的地位冒险，与叛军沆瀣一气。他知道自己这么做将极大地增强了诺福克叛军的力量。

除了培根之外，利茨特还得到了郡里另外几位富裕显贵的支持，包括托马斯·吉兴，他的父亲托马斯·吉兴爵士曾于1380年担任代表诺福克郡的议员。利茨特这股叛军的人数颇多，也足够凶悍，所以能够强迫士绅阶层的其他成员加入他们。罗杰·斯凯尔斯爵士、托马斯·莫利爵士、约翰·德·布鲁斯爵士和斯蒂芬·黑尔斯爵士（人头税的税吏）都被利茨特俘虏，并在恫吓之下为他效力。

利茨特之所以混迹于这些士绅之间，并和他们打成一片，似乎是因为他沉浸在一种自以为王的幻想中。确立了领导权之后，他就开始自称"平民之王"。中世纪农村夏季节庆的狂欢游戏里经常有这样的角色，但利茨特致力于永久性地颠倒乾坤。他强迫斯凯尔斯、莫利、布鲁斯和黑尔斯以宫廷仆人的身份听从他驱使，让这几位士绅试吃食物来为他验毒，并为他从事一系列类似的卑微工作。利茨特无疑很享受羞辱这些贵人的过程，也对自己的"宏图大略"十分陶醉，他甚至可能在幻想"恢复"由平民主宰的古代社会。

无论利茨特的动机是什么，他在这个星期一聚集了一大群心甘情愿听他调遣的群众来到茅斯霍尔德荒原。他们的目标是诺里奇城。德高望重的宫廷骑士和老将罗伯特·塞尔爵士从城里骑马赶来，试图与叛军谈判，却被拉下马背，惨遭杀害。[2]这是即将发生的惨剧的预演。

6 月 18 日，诺里奇城惨遭屠杀洗劫。利茨特的庞大队伍在培根率领下从荒原蜂拥入城，为非作歹。大群叛军闯入与法律和王国政府有关联的人士的住宅（叛乱平定之后的一次起诉表明，仅在其中一次袭击事件中就有 800 人被控参加）。塞尔的家宅遭到毁坏和抢劫。富裕市民亨利·洛米诺尔和塞尔一样曾在 1378 年担任议员，他有价值 1000 马克的货物被掳走。治安法官雷金纳德·德·艾克尔斯被暴民从他位于海厄姆的庄园抓走；他的房屋被洗劫一空，叛军甚至把他带毛皮的官袍也抢走了。艾克尔斯被带进混乱不堪的城里，拖到将犯人示众的刑台，腹部被戳了几刀，然后遭到斩首。

税吏当然是叛军的重点打击对象。沃尔特·德·比克斯顿代表诺里奇城参加了批准征收人头税的那次议会，后来他还被任命为税吏。现在叛军闯入他家，将其洗劫一空。诺里奇大教堂的总执事约翰·德·弗莱斯顿也吃了类似的苦头。上了叛军黑名单的市民只有缴纳巨额保护费，才能免受劫难。

在诺里奇城受苦受难的同时，诺福克郡各地都发生了暴乱。18日，德斯潘塞还在彼得伯勒的时候，拉夫姆、维顿、朗福德和索瑟里都发生了民变。一个叫罗伯特·德·格莱沃的人被叛军抓住，他在自己的脑袋已经被按到刑台上时同意用8马克16便士和28头牛来换自己的性命，这才逃过一劫。

次日亦即19日的早晨，当德斯潘塞还在剑桥的时候，诺里奇叛军开始向外扩散。他们的行为更像埃塞克斯郡叛军而不是肯特郡叛军：他们分成小群四散到本郡各地去解决自己的私人仇怨，并沉湎于抢劫和敲诈，没有政治诉求。培根和利茨特奔向东方，带着一群叛军穿过了耶尔河两岸的湿地和沼泽地，奔向海岸的大雅茅斯。那里存在着一场由来已久的纠纷，其焦点在于附近一个港口的管辖权和该城赖以为生的鲱鱼贸易的控制权。

抵达大雅茅斯之后，叛乱者立即打开监狱并释放了几乎所有犯人，但将其中三个佛兰德人斩首。随后大雅茅斯陷入骚乱状态，本地绅士的住宅遭到打砸。叛军威胁恫吓，从市议员手中抢走本市的自由特许状。培根和利茨特将其撕成两截，将其中一截沿海岸线送往几英里之外的萨福克郡。他们知道乌劳正在萨福克郡的贝克尔斯和洛斯托夫特周边煽动叛乱。

随后培根转向北方，骑马沿着海岸来到温特顿，途中在凯斯特逗留并劫掠和勒索钱财。利茨特也去了北方，奔向北沃尔舍姆和索普马基特。在摧毁了本郡首府之后，他们肯定知道王室迟早会发兵镇压，所以培根和利茨特到周末就放缓了动作。他们的追随者分散到郡里各地，乌劳也从贝克尔斯撤往埃塞克斯郡。培根似乎已经厌倦了造反，不再参加烧杀抢掠。

但利茨特很享受自己新近获得的领导地位。6 月 21 日星期五，他耀武扬威地摆出 "平民之王" 的排场，来到索普马基。叛军攻击了冈特的约翰位于吉明厄姆周边的庄园，烧掉了大量法庭卷宗。曼斯利、纳普顿、南赖普斯、北赖普斯、赛德斯特兰德、特朗奇和其他地方发生了骚乱。弗莱格的圣本内特霍尔姆修道院的庄园也遭到类似的攻击。利茨特的部下仍然在乡村四处游荡，以他的名义鼓动叛乱。

此时利茨特的叛乱虽然声势浩大，却已开始分裂，失去了组织性和方向性。所以，当德斯潘塞在周末离开剑桥的时候，利茨特决定想办法给自己的狂欢来个了结。他派遣自己手下的两名骑士托马斯·莫利爵士和约翰·德·布鲁斯爵士以及他信任的三名平民特朗奇的约翰·特朗奇、乌斯蒂德的威廉·凯拜特与托马斯·斯基特求见国王，向他恳求赦免和自由特许状。这一行人携带了大笔金钱作为谈判的筹码，这笔钱是这周早些时候从诺里奇市民那里敲诈来的。市民如果不交钱，叛军就要烧掉他们的房子，夺走他们的性命。

利茨特的使者满载掳掠来的财物，满怀希望离开了诺里奇，向西南方进发。对这群人当中的平民叛军来说不幸的是，德斯潘塞主教走的也是同一条道路，而且与他们相向而行。在诺福克西南部的伊克灵厄姆村附近、国王森林的边缘，道路在经过一座水磨时变窄。双方就在这里狭路相逢。

叛军使者的队伍派遣其中一人先行出发去寻找食物，所以队伍在遇见主教的时候已经少了一人。不过，德斯潘塞看到这四人还是觉得奇怪。四人走近时，主教向其中的两名骑士问好，然后询问他们的队伍里是否有反叛国王的逆贼。

　　这让莫利和布鲁斯左右为难。他们被迫侍奉利茨特的经历非常不愉快。尽管利茨特让他们代表他去拜见理查二世，布鲁斯位于西顿的庄园还是遭到叛军抢劫，庄园法庭卷宗被焚毁。看到主教一方装备精良的队伍，这两位骑士应当很高兴，因为他们看到了恢复秩序的希望。但另一方面，他们在叛军那里受到的待遇已经完全颠覆了他们的世界观，几乎令他们彻底放弃了得救的希望。在当前的环境里是主教那边人多，但如果他们背叛利茨特，谁知道将来落到叛军手里会是什么下场？他俩心惊胆战、满腹迟疑，最后告诉德斯潘塞，一切正常。

　　德斯潘塞一眼看穿了他们的谎言。他又问了他们一遍，恳求他们信任他并交出与他们在一起的叛乱者。他的钢铁意志产生了效果，令两名骑士鼓起勇气。他们告诉德斯潘塞，本郡叛乱的两名主要领导人就在他们队伍里，而另外一人去找食物了。他们把自己的经历全部告诉了主教，包括他们此行的目的。

　　主教充分理解了他们的情况。

　　再往前不远就是小镇纽马克特。德斯潘塞主教的队伍在抵达那里之后，将刚刚砍下的三颗首级钉在那里示众：他们正是斯基特、特朗奇和凯拜特。[3]

　　在伦敦，理查二世感觉局势已足够安全，自己可以离开伦敦城了。沃尔沃思领导下的军事委员会已经恢复了公共秩序，向伦敦输入粮食的交通路线也恢复正常。沃尔沃思有权派遣武装人员保护运粮队经过仍处于骚乱状态下的乡村。

　　为了确保市民的忠诚，沃尔沃思在20日（星期四）命令市议员要求各自辖区内的所有市民宣誓效忠，并逮捕所有拒绝宣誓的人。沃尔沃思和主审法官罗伯特·贝尔纳普主持的专门负责惩罚叛军的司法委员会已在伦敦市政厅召开了整整一周。该委员会做好了准备，将于下周一处置所有被羁押在新门监狱的俘虏。

在恢复对伦敦的有效管治之后，理查二世终于可以考虑将注意力转向全国其他地区了。他仍然非常希望冈特的约翰能在他身边主持大局。身为兰开斯特公爵，冈特的约翰在英格兰境内的大片地区享有巨大的影响力，他一定能大力推动全国秩序的恢复。但此时他身在北方，有自己的事务要处置。公爵已经知道基督圣体节那一天国内发生的灾难以及他自己的萨伏依宫被毁一事，但他在与苏格兰人谈判时仍镇静自若，最终为谈判立场异常弱势的英格兰赢得了有利的和平条款。他于 20 日离开了东海岸寒冷的边境城镇科尔丁厄姆（在伯立克附近），准备率领随行人员南下去援助自己的侄子。

不幸的是，形形色色的坏消息已经传到北方。荒诞不经的谣言严重歪曲了麦尔安德事件。有人说，政府得到消息称冈特的约翰将率领 2 万大军前来夺取王位，于是政府宣布他为叛徒。更有甚者，有传言称冈特的约翰已经解放了自己庄园的所有农奴，准备率领一支农民军来夺权。

这当然都是无中生有。但冈特的约翰有太多敌人不惮以最大的恶意揣测他，其中就有诺森伯兰伯爵亨利·珀西。珀西向冈特的约翰发去消息，说在得到国王的明确批准之前，他不能接待冈特的约翰。公爵抵达班堡城堡时，发现诺森伯兰伯爵果然紧闭大门。冈特的约翰不得不转身返回北方，去苏格兰人那里做客。他是全国最有经验、实力最强的贵族，此时国家发生了最严重的危机，而他却远在距离危机地点四百英里之地，形同流放，束手无策。

事态发展的速度超过了国王与叔父间的通讯速度，直到一周后，理查二世才下令要求为正在返回英格兰的冈特的约翰提供保护。与此同时，国王得到了另一点安慰，因为白金汉伯爵率领一支军队从布列塔尼回国了。这支军队原本的任务是袭扰法兰西。

于是，6月20日星期四，在德斯潘塞准备进入诺福克、沃尔沃思勒令伦敦市民宣誓效忠的同时，理查二世开始发布在全国范围内镇压、审判并惩罚叛军的命令。

第一道命令是发给罗伯特·特里希林的。他是一位资深法官，现在被任命为王座法庭主审法官，接替被害的卡文迪许。特里希林是强硬而不择手段的康沃尔人，精通法律事务，个性咄咄逼人。他是陪同理查二世出巡的绝佳人选，可以与宫廷一同离开伦敦到各郡去审理案件并处决犯人。第二道命令是发给白金汉伯爵的，旨在授权他率领大军到全国各地有需求的地方镇压叛乱。他的第一个行动目标是叛乱的发源地埃塞克斯郡。这项工作不太需要法律上的专业才干，而是注重用直截了当的军事手段迫使叛军屈服。

向特里希林和白金汉伯爵发布命令之后，宫廷也启程出巡。星期六，国王前往沃尔瑟姆，这是埃塞克斯郡西南角的一处拥有修道院的小镇，就在该郡与赫特福德郡的边界上。要去那里，他必须从主教门离开仍在恐慌之中的伦敦城。在北上途中，年轻的国王经过了海布里的黑尔斯庄园仍在冒烟的废墟，这一惨状想必令他本已愤怒的内心更感恼火。

抵达沃尔瑟姆之后，理查着手准备了进一步惩罚叛军的命令。他派遣自己同母异父的兄长托马斯·霍兰去他的新伯爵领地肯特，镇压那里的乱党余孽。从约翰·乌劳的叛军面前逃跑之后，萨福克伯爵威廉·厄福德现在奉命率领 500 小队的人马返回东盎格利亚，追随德斯潘塞的前锋部队，平定诺福克和萨福克。萨福克伯爵首先去了贝里，那里发生过的罪行最为伤天害理。

形势正在逆转。理查二世也在改变心意。现在他终于得到了军队和司法力量的有力支持，于是他下定决心向叛军复仇。此时的他再也不是在史密斯菲尔德引领平民、允许他们安然回家的那个善良温和的男孩。他性格中的另一面显露了出来：残酷和强迫症一般的睚眦必报。在理查二世统治期间，英格兰将会持续体验他的这一面。

二十二 复仇

> 如此之多的死尸被挂在绞刑架上，暴露于光天化日之下，令民众为之战栗……尽管罪人已经受到严惩，国王的怒气似乎没有丝毫缓解，他反而越来越严酷地惩罚罪人……大家普遍相信，在当前的情况下，生性慷慨的国王理应开恩，而不是如此执着地报复……

> ——《威斯敏斯特编年史》

理查二世及其官员对局势的掌控越是稳固，他们的手段就越显严苛。他不会慈悲为怀。在6月底，因为反叛精神具有传染性，这种严酷立场还是情有可原的：即便在理查二世离开伦敦城、进入埃塞克斯郡的时候，西部各郡到北部边境之间的地区仍然不断发生着骚乱。在萨默塞特郡的布里奇沃特，镇上居民与当地部分士绅沆瀣一气，在过去一周里大开杀戒。他们先是欺凌奥斯定会圣约翰医院的住户，然后敲诈勒索、偷窃、烧毁特许状、劫狱、谋杀，无所不为。

在约克，市民派系之间长期而复杂的政治斗争在暴力气氛下演变成了公开的内战。当地的宗教机构遭到攻击，而到6月底，更严重的冲突正在争夺市长之位的不同派系间酝酿。

尽管手段或有相似之处，但孤立的城市暴乱与瓦特·泰勒和约翰·鲍尔进军伦敦时的最初设想在性质上没有什么共同点。上述城市暴乱是某些别有用心的人趁乱攻击自己的政敌，同时烧杀抢掠，中饱私囊。但这样的暴乱造成了严重的问题，因为它们源于乡村的混乱和秩序的沦丧，同时也助长了乡村的乱象。这种犯上作乱的叛意必须被粉碎，而理查二世为此采用的手段将十分残酷。

理查二世将英格兰的叛乱地区分割成若干界限分明的区域。他已经派遣人马去形势最乱的几个郡，授予军队指挥官非同寻常的军事和司法裁量权。执法者在条件许可时应遵循法律的正当程序审讯叛乱者，但理查二世也授权各地专员在必要时便宜行事，采取一切手段恢复秩序或解决案件。全副武装的钦差队伍在英格兰的各条大道上行进，用军事手段在各地执法。审判素来让民众心怀敬畏，如今却只令人恐惧不已：国王的司法残酷无情且毫无节制，其执行缺乏智慧和责任感，更像在进行一场战争。[1]

白金汉伯爵和他手下的劲旅被派去平定埃塞克斯郡。理查二世把自己手中最强的军事力量部署到这个方向，表明这个郡的形势极为动荡。虽然有一些埃塞克斯郡叛军去了伦敦和麦尔安德，但最早一批叛军中的很多人还是将力量用于在本郡之内为非作歹。该郡发生了严重的暴乱，其中尤以东海岸和切尔姆斯福德与科尔切斯特之间的乡村为甚。切尔姆斯福德周边的气氛仍然高度紧张，当地叛军在 6 月 11 日大规模焚烧了郡政府的档案。白金汉伯爵马不停蹄，立即开始用武力平定埃塞克斯。

但埃塞克斯郡还没有做好接受和平的准备，革命的狂热气氛仍未从当地散去。25 日星期二，当白金汉伯爵的委员会开始审案的时候，一个叫约翰·普雷斯顿的人前来联络他们。此人是伊普斯威奇以西的小镇哈德利的居民，该镇在萨福克郡境内，距离萨福克郡与埃塞克斯郡的边界不远。据说普雷斯顿是跨越萨福克郡与埃塞克斯郡边界活动的那股叛军的成员。他是叛军中对意识形态了解较深的成员之一，但在政治上比较幼稚，因为他向白金汉伯爵呈上了一份写给国王的书面请愿。

普雷斯顿的请愿书是以广大平民的名义写给理查二世的，它重申了在麦尔安德提出的解放农奴和将地租固定为每英亩4便士的要求。实际上，普雷斯顿是在请求国王确认，叛乱者在入侵伦敦之后从国王手中勒索来的特许状仍然有效。

白金汉伯爵的委员会想必对普雷斯顿的幼稚目瞪口呆。他们立刻将他逮捕并开始讯问。委员会问他请愿书是谁写的，普雷斯顿承认是他自己写的。审讯者不敢置信，又问他是谁把请愿书送来的。这已经没什么可否认的了，普雷斯顿说是他自己送来的。他当即被斩首。[2]

普雷斯顿的行为如果在正常时期顶多算是煽动犯上，肯定不至于叛国，而他居然被处以极刑，足以表明理查二世派遣的平叛委员会一方面高度紧张，一方面又专横跋扈。

这个时代就是这样。国王向平叛委员会授予的广泛权限鼓动英格兰贵族们像德斯潘塞主教在东盎格利亚那样果断地采取行动。而本周的下一个决定性事件就是在德斯潘塞领导下发生的。在周末主教终于抵达了诺里奇，当时理查二世正在沃尔瑟姆安顿下来。即便在6月底，德斯潘塞的行动仍然没有得到王国政府的正式批准，但他为阻止叛乱扩散和进一步发展立下了汗马功劳。王室的平叛专员策马追赶他的脚步，巩固他已经取得的战果——此时剑桥郡的贵族休·德·拉·朱什正在努力追踪剑桥郡的叛军领袖约翰·豪恰克以将他处死，而萨福克伯爵则奉命去恢复自己郡的治安。但德斯潘塞还有一个最后目标。这既是他个人荣誉感的要求，也有其现实的必要性，还具有重大的象征意义：他要拿下杰弗里·利茨特的项上人头。

德斯潘塞察觉到自己的猎物就在近处，于是在 6 月 24 日（星期一）骑马进入诺里奇城。一群诺福克骑士和绅士追随着他，这些人都是他在乡间进军时前来投奔的。主教一行进入诺里奇，发现城市已遭到严重破坏，但不见利茨特的踪影。"平民之王"正在乡下的北沃尔舍姆地区驻扎。德斯潘塞花了一些时间协助平定诺里奇城内的形势，然后在 6 月 26 日（星期三）做好了讨伐利茨特的准备。他组织好自己的队伍从城内出发，准备与毁坏诺里奇的罪魁祸首正面交锋。他已期待很久了。

利茨特正在等待。在得知主教抵达诺里奇之后，他派遣骑手风驰电掣地穿过诺福克北部的村庄，组织反对主教的集会、召集人手，并试图恢复叛军在茅斯霍尔德荒原时那种团结一致的状态。经过两天忙碌的招募，他们组织起了一支像模像样的人马，其大本营就在北沃尔舍姆以南不远处。

叛军掘壕据守。他们对野战的经验很少，只能尽其所能地为迎战德斯潘塞作准备。叛军在集结地点周围挖掘了堑壕，然后用桌子、百叶窗和木门之类的物件构架障碍，并用木桩把所有障碍物连接起来。他们还用大车和马车封堵自己的后方。[3]

即便叛军倾尽他们（少得可怜的）军事才智，那些工事在拥有骑士一般的专业军事素养的主教面前都不足为虑。他在法兰西征战多年，早已习惯面对强悍的敌人和不利于己方的战局。农民组成的乌合之众匆匆搭建了一些土木工事和杂乱无章的大车阵，这点抵抗对他而言根本不在话下。

德斯潘塞率领一小队武装人员逼近叛军。这位满腔怒火的主教命令号手和喇叭手大声鼓噪，他本人则抓起一杆长枪带队冲锋。他的领导力和军事才干给同时代人留下了深刻印象。托马斯·沃辛厄姆将他比作"一头龇牙咧嘴的野猪"。在一场凌厉如旋风的激烈肉搏战当中，他很快就把叛军击溃了。

没过多久，叛军就不再把自己后方的大车当作防御工事，而想把它们当作逃跑的交通工具。利茨特的部下争先恐后地爬上大车逃跑。但和在亨廷登的时候一样，德斯潘塞下令追杀这些败兵。主教的队伍全歼了叛军可怜的后卫部队，砍倒了每一个企图逃跑的敌人。

最后，利茨特也在混战中被俘。战斗结束了。德斯潘塞主教自行决断，判处这位"平民之王"死刑。

德斯潘塞在战场上十分英勇，但他也没有忘记自己身为神父的职责，即便眼前的这些羔羊早已经迷失。他履行自己的主教职责，听取利茨特的告解，为他作宗教意义上的恕罪。在死刑犯被拖向绞刑架的时候，德斯潘塞抬起利茨特的脑袋，以防撞到地面。

但这只是小小的仁慈。利茨特被处以绞刑，然后被从绞索上解下来接受开膛的惩罚；在最终遭到斩首以前，他的内脏被拿到他面前。利茨特的尸体被肢解成四个部分，其中三块被送往大雅茅斯、诺里奇和林恩。利茨特尸体的最后一部分被钉在他位于弗莱林厄姆的房屋之外，向过路人宣示这个自封君王之人最后的下场。

理查二世此时仍在沃尔瑟姆，他在听说了上述事件之后一定心满意足。他的荣誉得到了维护，他因君主尊严受辱而蒙受的羞耻也被抹去。但他要做的工作还有很多，平民放肆的暴行仍然让宫廷感到惊愕。

在被白金汉伯爵从切尔姆斯福德打退之后，成群的埃塞克斯叛军开始在南面几英里处比勒瑞卡附近的雷滕登村集结。"他们过于自信，"一位观察者写道，"在虚荣心的驱使之下决定，要么用暴力索取自由并好好享受，要么为了争取自由而战死。"[4]

大约在约翰·普雷斯顿奉命与白金汉伯爵就叛乱者的自由谈判的同时，还有一些叛军使者向东前往沃尔瑟姆，到国王和重臣会议面前为自己辩护。他们又一次要求赋予平民与贵族平等的自由地位，并要求法庭不能强迫平民到庭。

和切尔姆斯福德的情况一样，叛军的狂妄让宫廷瞠目结舌。理查二世和重臣会议为找出最好的处置办法展开了探讨。白金汉伯爵已经给他们提供了将叛军使者就地正法的先例，但理查二世愿意尊重"两国交战不斩来使"的传统。这可能是他原本的想法，但也有可能是被人说服的结果。

他没有将这些使者斩首，而是亲自向他们发表讲话，好让平民对于"理查二世国王和忠实的平民"之间曾经达成的契约完全无效一事不再抱有任何疑问。沃辛厄姆记载了国王的言辞，即便他的记载有文学渲染的成分，却无疑将国王的情感很好地传达了出来：

哦！你们这些可鄙的家伙，无论在陆上还是海上都值得憎恶，根本不配生存，竟敢要求与贵族平起平坐。若不是我决定尊重使者的权利，你们肯定会死得很惨……

把国王的话传给你们的同伙。你们是农奴，将来也永远是农奴；你们将永远被束缚，将来我不会用从前的待遇对待你们，而是会比先前不知严酷多少倍……

蒙上帝洪恩，我统治这个王国，我将……永远奴役你们，让你们做牛做马，以警后世；让现在和将来像你们这样的人永世为你们现下所受的折磨警醒，让他们有理由咒骂你们，让他们不敢像你们一样作奸犯科。[5]

叛军使者离去了，年轻国王的斥责阴森森地萦绕在他们耳边，而王国军队前来报复的马蹄声就在他们背后。两天后的6月28日星期五，国王惩治罪人的舞台终于搭好。此时距离肯特郡、埃塞克斯郡和伦敦叛军围攻伦敦塔，在麦尔安德嘲弄国王和伦敦市议员，把佛兰德人从避难所拖出来屠杀并血洗都城的大街小巷等事件已有整整两周。

国王一行穿过埃诺森林来到哈弗林鲍尔，此地就在比勒瑞卡的叛军大本营以东五英里处。夹在两军之间的是布伦特伍德，托马斯·贝克就是在这里攻击人头税专员，点燃了叛乱的第一把火。和利茨特的部下一样，埃塞克斯郡的叛军也掘壕据守，数百人在树林里挖掘堑壕、布置木桩和大车，以巩固林地的天险。

和利茨特的叛军一样，埃塞克斯人粗陋的防御工事也根本无法抵挡正规军的进攻。白金汉伯爵和托马斯·珀西勋爵率军进逼比勒瑞卡，先派一支由十小队组成的人马进入森林驱赶叛军。

全副武装的士兵在灌木丛中稳步推进，叛军无力抵抗，很快阵脚大乱，根本无力抵挡重骑兵，森林里到处是惊惶逃命的人。在冲出森林之后，叛乱者迎头撞上了白金汉伯爵的主力部队。幸存的叛军放弃马匹和财物，徒步向北逃往科尔切斯特，然后前往萨福克郡边界和萨德伯里，徒劳地指望约翰·乌劳仍在那里活动，以投奔他的麾下，然而约翰·乌劳此时早已销声匿迹了。白金汉伯爵麾下的骑士威廉·菲茨沃尔特爵士和约翰·哈尔斯顿爵士率领强大的部队无情地追杀逃窜的叛军，轻松地杀死其中的弱者，并俘虏了幸存的人。

约五百名埃塞克斯郡叛军的余党最终惊慌失措、纪律涣散地从比勒瑞卡树林（也就是大叛乱开始的地方）逃出，毫无还手之力。国王的军队残酷无情地将这些从树林逃出来的叛军全部砍倒在地。

尾　声

你们来到世间的时候是无助的婴儿，

你们都感受到自然的羸弱；

你们最终都化为平凡的黏土。

——《瓦特·泰勒》，罗伯特·骚塞

　　约翰·鲍尔在北逃途中被考文垂市民俘虏。具体日期没有被记载下来，但鲍尔被捕很可能发生在 7 月的第二周，那时他已经在路上逃亡了约三周半。他在被捕后被押往圣奥尔本斯受审——由于此时伦敦爆发了对儿童影响尤为严重的夏季瘟疫，国王已将大本营移到那里。

　　罗伯特·特里希林爵士主持了对鲍尔的审判，并详细陈述了鲍尔的累累罪行。圣奥尔本斯的居民听闻鲍尔腐蚀英格兰人民已有二十多年，在教堂布道坛和乡村田野宣讲关于教会与贵族的歪理邪说。法庭指控他是威克里夫的党徒和不可救药的被绝罚者，在布莱克希思煽动暴民，还曾怂恿叛军杀害萨德伯里。在乡村流传的许多加密信函之一被作为证据呈送到法官面前，这封信是写给埃塞克斯郡平民的。鲍尔承认自己是这封信的作者。判决宣布之后，伦敦主教威廉·考特尼为他说情，将他的死刑推迟了几天以劝他悔罪，但没有资料表明鲍尔的确悔罪了。他被处以绞刑、斩首、开膛和肢解，他的尸体在肢解后被送到全国四个不同的地方。他的死期是 1381 年 7 月 15 日星期一，也就是史密斯菲尔德事件的整整一个月之后。

鲍尔之死是理查二世和特里希林剿灭叛军余党的行动取得的最大胜利。但此后还进行了数目惊人的审判和处决。到 7 月中旬，约翰·乌劳、威廉·格林德柯布、杰克·斯特劳和其他几乎每一位主要的叛军领袖均被俘虏或死亡。（鲍尔在圣奥尔本斯受审的同时，乌劳在伦敦的治安官和调查官面前提供了对同犯不利的证据。）鲍尔被处决后的第一天，王国政府认为国内已经足够安定，于是传唤召开新一届议会。传唤开会的令状被发往全国各地，议会开幕的时间则定为 9 月 16 日。多次延期之后，议会终于在 1381 年 11 月的第一周于威斯敏斯特开幕。

11 月议会的目的是完成平叛事业在法律和行政层面的善后工作，听取关于叛军造成的破坏的求偿申诉，并再次为无休止的对法战争提供军费。直到 1381 年 11 月，叛乱的震荡仍然在全国各地造成了一些尖锐的矛盾。本届议会的气氛甚至比前一年底的北安普敦议会更加紧张。

这届议会上的很多问题源自理查二世逐渐显露出来的统治风格。年轻的国王在史密斯菲尔德的交锋中迅速成熟起来，他在那个危险的下午表现出了无私的勇气，正是这种勇气让他的父亲和金雀花王族当中最优秀的成员名垂青史。但在那之后，他表现出了金雀花王族内在的另一种比较黑暗的倾向。与叛军打交道的经历永久地影响了他的品格，而在平叛期间品尝到军事戒严的滋味之后，他对这种说一不二的霸道风格上瘾了。在茅斯霍尔德荒原和比勒瑞卡的战斗结束后，理查二世通过特里希林这样的司法暴政者将恐怖的镇压活动延长了好几个月。国王曾经被人民吓得战栗，现在他要让人民瑟瑟发抖。

在几乎每一位编年史家的笔下，1381 年 7 月至 11 月这段时期都是黑暗、血腥和恐怖的。除了在齐普赛以牙还牙地处决了大批叛乱者之外，政府还以各种残酷而凌驾于法律之上的手段杀死了数百乃至数千英格兰人。据编年史家阿斯克的亚当说，国王的平叛专员把一些俘虏拴在自己的马背后，在地上活活拖死；有些俘虏被绞死，有些被剑砍死，有些甚至被肢解。[1] 在很多地方，只凭当地"值得信赖的人士"的一句指控就可以裁定某人为叛贼，并将其处死。一种恐怖的迫害妄想狂席卷全国，某些贵族害怕遭到国王的报复，很多臣民则和他们的国王一样睚眦必报。威斯敏斯特编年史家描写了许多邻居互相检举以及仆人指控主人为叛贼从而将其害死的惨剧。不经意间吐露的一个字就可能害死一个人，这种事发生在了剑桥郡的约翰·舍利身上：他曾在一家酒馆说自己觉得约翰·鲍尔是个了不起的好汉，结果因这句话被政府处死。[2] 理查二世恢复王权的手段不是改革或法治，而是缺乏法律依据的恐怖镇压。恶毒取代了睿智，盲目的恐惧笼罩这个多灾多难的国度。

如果我们考虑一下理查二世对在切尔姆斯福德那些落败的叛乱者说出的愤恨言辞，再审视他在接下来的统治时期里动荡不已的状态，就不难想象理查二世本人便是这场残酷的平叛行动的始作俑者。这个年轻人的本能不是安抚或规训敌人，而是夺去他们的性命。他为了恢复王室的尊严想到的第一个念头是发泄自己的怒气。虽然史料不足，但我们可以估计在 1381 年 7 月到 9 月间，理查二世的子民当中可能有 1500 人到 7000 人死亡。[3] 其中很多人是被当作叛贼处死的。

进入 11 月，血腥的平叛行动本身已经对社会秩序的稳定构成了威胁。（规模如此庞大的镇压可能要到 1685 年的蒙茅斯叛乱①期间才重现于英格兰。蒙茅斯叛乱被平定之时有 3000人死于战场、被处决或流放。）还有一系列杂乱无章的平叛委员会在全国各地行动，特别专员往往在于某郡展开平叛活动的同时继续担任当地的高级法官，承担常规的司法工作。因为业主死亡或遭处决而被收归国库的财产极多，以至于政府不得不临时任命大量充公产业管理官。在正在进行的诉讼当中，常有心怀歹意的诉讼人指控对手叛国或谋逆，给法庭造成了很多混乱，也妨碍了正常的司法进程。像约翰·舍利那样的倒霉之人因为酒后失言而付出生命的代价，而在肯特等郡，理查二世政府的残暴之举在坊间催生了新一轮叛乱将要爆发的传言。简而言之，英格兰仍然和大叛乱爆发之前一样风雨飘摇，两者间的区别在于如今有数千具、被绞杀、致残并肢解的尸体。曾经发生叛乱的城镇的大门上如今挂着肿胀而血腥的首级，空洞的眼睛凝视着下面。国家并没有走向和谐，反而更加混乱。

除此之外，理查二世在政府的最高层仍然面临着棘手的难题。这主要是他的叔父冈特的约翰的个性和政治活动造成的。这位公爵仍然是个难以管束的人。尽管一度远离叛乱的主要事件（包括平叛行动），冈特的约翰依旧不得民心。此时国家的当务之急应是以较小的代价维持对外和平，从而促进国内稳

---

① 1685 年的蒙茅斯叛乱是反对英国国王詹姆士二世的一场叛乱。查理二世驾崩后，他的弟弟詹姆士二世继承王位，但他是天主教徒，受到已经成为主流的英国新教徒反对。查理二世的私生子蒙茅斯公爵詹姆士·斯科特是新教徒，于是利用许多国民反对詹姆士二世的情绪自称王位的合法继承人，反对自己的叔父。叛乱很快在正规军的镇压下失败，蒙茅斯公爵被处决。约翰·丘吉尔（后来的名将马尔伯勒公爵）参加了平叛作战，后来成为小说家的丹尼尔·笛福参加了叛军。

定，然而冈特的约翰偏偏在1381年开始制定计划，将资源投入在卡斯蒂利亚的战争，以追逐他的个人野心。

此外，在国家最需要稳定的时候，冈特的约翰还在英格兰政坛积极地制造矛盾。1381年叛乱让他结下了一个新的敌人：亨利·珀西。当初诺森伯兰伯爵相信自己的生命受威胁，于是怯懦地拒绝帮助或接待公爵。冈特的约翰不会原谅这样的冷遇。所以在叛乱结束后，冈特的约翰一直在想方设法打击珀西。

理查二世和他的重臣会议曾三次试图平息叔父新近结下的这场仇怨，但都无功而返。[4]冈特的约翰和珀西到威斯敏斯特参加议会时各自带来了大批武装随从，一场暴力冲突似乎一触即发。（伦敦人自然坚定地支持珀西，所以城里很可能发生一场针对公爵的骚乱。）经过持续两天的谈判（这导致议会又一次延期），国王终于迫使纠纷双方达成和解。

议会开幕了，但气氛依然十分紧张。从哪些人获得了王室官职就可以清楚地看到叛乱造成的影响。新当选为坎特伯雷大主教的威廉·考特尼和新任财政大臣休·西格雷夫爵士发表开幕致辞的时候，与会者一定都想到了这两人的前任的悲惨命运。新的肯特伯爵托马斯·霍兰在议会的登场也让与会者想起肯特郡的平叛行动多么残暴。

但更重要的是，在1381年11月出现了一些迹象，表明统治集团在理查二世于史密斯菲尔德大展拳脚之后依旧对他缺乏信心。对于理查二世在麦尔安德授予平民的自由特许状是否有效的问题（国王主张它们是无效的），议会进行了辩论，在大费周章之后才决定正式决定撤销那批特许状，体现出下议院议员对理查二世领导能力的质疑。这场风波始于议长理查·沃尔德格雷夫爵士试图辞职。理查二世拒绝接受他的辞呈，于是沃尔德格雷夫代表其他的下议院议员假惺惺地说，他们在这个问题上（即理查二世在麦尔安德授予平民的自由特许状是否有效）无法达成一致，因为他们不明白这个问题究竟指的是什么（这是个可笑的借口）。最终理查二世不得不命令新任大法官理查·勒·斯科罗普爵士确保全体议员都能完全理解撤销特许状的含义，并推动撤销特许状的法案通过。国王可能是在对议员们作了一定程度的威胁才终于得偿所愿，但议会不愿和他一起对抗叛民的态度本身便是一个不祥的预兆。

更令人担心的是，11 月议会要求还对王室内廷进行改革。议员们要求"［国王］应当由优秀和品德高尚的人随侍在侧""应削减内廷侍臣与马匹的数量，好让国王陛下从今往后能够依靠自己的财路过正派的生活，而不必像过去那样向人民索费用"。

这份请愿书里最重要的一行是："请看在上帝的分上考虑：穷苦人民经常发出怨言和申诉，谴责恶政与令人发指的靡费；人民不知道如何解决这个难题，也没有办法解决。"

也就是说，下议院议员在对是否撤销麦尔安德特许状的问题犹豫再三之后终于给出了暗示：他们觉得前不久的叛军也许有其道理！

国王终于接受现实：他的血腥镇压引起了下议院议员和全国大部分人的反感。最终他允许议会拟订方案，提出处置叛乱的最佳方法。叛乱爆发大约六个月后，政府终于认定，恢复国内和平的唯一办法是宣布大赦。（王后波西米亚的安妮可能对劝说她的年轻丈夫恢复理智发挥了作用。他们于 1382 年 1 月结婚）。英格兰百姓根本无法在死亡阴影的长期笼罩之下继续生活。于是，政府颁布了一份由三部分组成的大赦令。

首先，贵族和士绅得到赦免。这就为像德斯潘塞那样独自决定平叛的英雄免除了罪责，他们在6月危机期间可能逾越了自己的权限，从而在严格意义上违反了法律。其次，叛乱者得到赦免。除了来自坎特伯雷、贝里圣埃德蒙兹、贝弗利、斯卡伯勒、布里奇沃特和剑桥的叛乱者，参与谋杀萨德伯里和卡文迪许的人以及其他约一百人之外，所有曾经的叛乱者都得到赦免。

最后是对英格兰全体人民的大赦。某种意义上说，直到1382年年初，这场大叛乱才宣告终结。

从很多角度看，1381年叛乱塑造了国王理查二世。幼年继位的君主在长大成人的时候往往会遇到很多困难。幼主一般需要一个重大时刻才能摆脱来自那些摄政者的束缚。幼主需要证明自己已经长大成人，拥有治国的能力。爱德华三世开始亲政的重大时刻是在他于登基三年之后推翻母亲及其情夫罗杰·莫蒂默的暴政时来临的。一个多世纪之后，都铎王朝的国王亨利八世用第一次对法作战作为自己成年的里程碑。对理查二世而言，这个重大时刻则发生在史密斯菲尔德。

在1381年之前，理查二世是个孩童。史密斯菲尔德事件之后，他成了男子汉。他的婚礼和安妮的加冕礼打断了11月议会。到那时，议会已经正式宣布大赦，并开始探讨继续筹措军费的最佳办法。从那以后，理查二世努力为自己和内廷争取不受议会监管的自由，并试图完全按照自己的想法来统治。

但理查二世的个性与判断力已经遭到了严重的扭曲。当他的童年结束时（1381年在这一阶段尤为重要），理查对自己的臣民——尤其是贵族——抱有深刻的不信任感。他成了一个耽

于受害妄想且斤斤计较的人，任何企图引导他或者改善他的治
国方针的人都会让他暴跳如雷。他更喜欢和特里希林与尼古拉
斯·布雷姆布利那样的人待在一起，而不是与高级贵族相处，
尽管高级贵族本应是他的天然盟友。（特里希林和布雷姆布利
都被 1387 年所谓的"无情议会"下令处决，该届议会试图铲
除理查二世内廷中最为有害的若干成员。）当自己的政府垮
台，贵族和宗亲企图强迫他改过自新的时候，理查就大发雷
霆，凶狠地攻击他们。他时刻怀疑有人要害自己，又喜欢欺侮
别人。他在状态好的时候具有消极攻击性人格，而在状态差的
时候则是暴君和野兽。

在 1397 至 1399 年的黑暗年代，理查二世强迫有贵族身
份的政敌在"空白特许状"上加盖印章，用这种手段敲诈勒
索对方。① 正如他的曾祖父爱德华二世在被迫退位之前被认
为"无可救药"一样，理查二世在 1399 年被废黜（从而丢
掉王位、导致金雀花王朝主系血脉断绝）时也已耗尽了臣民
的耐心。

这些行径不能全部归咎于理查二世在 1381 年的经历，但
这位国王后来的很多问题在 1381 年的血腥之夏已初现端倪。
他的统治每况愈下并最终失控，其原因至少有一部分在于，当

---

① 1397 年夏季，理查二世开始强迫臣民向他借款。他向各郡发出盖有御玺
的书信，索要具体数目的金钱。信中债权人的名字是空白。理查二世的
官吏向所有他们认为有油水的人发出这种信，实际上是合法的盗窃。大
约在同一时期，国王还开始迫使臣民签署文书，承诺将自己的生命和财
产无条件奉献给国王。如果这些人得罪了国王，国王就可以用这些文书
一夜之间让他们倾家荡产。随着国王的妄想症越来越严重，他甚至要求
臣民在"空白特许状"上加盖印章。据沃辛厄姆说，"不管国王何时想
对签章的人发起攻击，都可以将他们各个击破"。这一做法公然违反了
《大宪章》。

问题刚开始出现的时候，他身边没有一个人懂得治理国家和应对危机的艺术。这不是良臣辅佐的暂时性欠缺，而是一个影响到他的统治和他的人格的根本问题。

理查二世的最大不幸是他没有一个可以效仿的贤君榜样。他在幼年看到的祖父爱德华三世正处于最糟糕的状态：年老昏聩，周围簇拥着贪得无厌的奸臣。理查二世的父亲英年早逝，没能把儿子培养成和自己一样的人物。结果，真正对理查二世起到榜样作用的是叔父冈特的约翰。作为教导国王治理国家的人，冈特的约翰可以说是最差的选择。幼主理查学会了冈特的约翰所有最糟糕的缺点，却没有学到他的半点才干。冈特的约翰喜欢欺压他人，但没有足够的威权；他在捍卫君主权益的时候咄咄逼人，但并不能真正地理解君主的沉重责任；他睚眦必报，喜欢与人争斗，在与别人和解时却过于天真。

和冈特的约翰一样，在叛乱平息之后，理查二世严苛而易于造成不和的个性暴露在所有人眼前。他喜欢孜孜不倦地报复敌人，且品性不值得信赖。1381 年 11 月的议会看清了他这两点，所以要求他停止对叛乱者的惩罚；也正是这两点让很多人反对他，包括他的最后克星、堂弟和继承者：冈特的约翰之子，德比的亨利。

从很多角度上看，理查二世和亨利的故事可以说是从伦敦塔开始的。不过那是另一个故事了。事实上，在 1381 年与 1382 年之间的冬季，当理查二世准备结婚、成为男子汉和真正的国王，并把叛乱抛在脑后的时候，他的末日已为时不远。

如果说这是 1381 年大叛乱对理查二世的影响，那么英格兰又受到了怎样的影响？首先，统治阶级终于承认人头税既愚蠢又不公平。1381 年 11 月的议会想方设法对贸易征收一笔长期赋税，以为战争和国防提供新的经费。之后好几代人的时间里，政府再也没有尝试通过征收直接的累退税来扩大课税基础。当后来政府再次尝试此类措施的时候已经到了 1497 年亨利七世在位的时期，这果然又引发了新一轮叛乱。英格兰人一直憎恨人头税，也许将来也会永远憎恨它。

除了憎恨人头税之外，英格兰人还厌恶劳工法律，因为它实际上施加了一种新的农奴制，这是一种法律层面的人身依附，而不是与土地的直接捆绑。1381 年大叛乱对关于劳工问题的立法几乎没有直接影响，对农奴制的恐惧在一代人时间里就逐渐消失了。大叛乱之后的劳工法律和之前的同样不切实际，同样荒唐。

但是，1381 年叛乱当然不只是一场抗税暴动，也不只是一场针对糟糕的劳工法律的斗争。1381 年叛乱首次表明英格兰普通百姓已经拥有了政治觉悟，能够愤怒地奋起反抗恶政。英格兰百姓关心外交政策，关心腐败的大臣，也关心恶劣的法律。归根结底，他们关心的是郎兰①在《农夫皮尔斯》里描写的那种社会契约。在这个故事里，皮尔斯告诉骑士："为了你，也为了我，我会艰辛劳动和耕作/我会为了你的爱劳动一辈子/换取你保卫神圣教会，保卫我。"人民深刻地感到，社会上层的人没有很好地履行自己的神圣职责，即保护并捍卫社会下层的人。泰勒的叛军其实非常保守。真正相信鲍尔的全面平等主义思想的人应当很少，绝大多数人只是希望社会和社会关系能够

---

① 威廉·郎兰（约 1332 ~ 约 1386）是中世纪英格兰诗人，著有宗教预言诗《农夫皮尔斯》，对教会有很多批评，可能是约翰·威克里夫的追随者。

恢复正常运转。

　　这个时代并非只有英格兰发生了农民叛乱。英格兰叛军模仿了在 1350 年代令法兰西贵族心惊胆寒的"扎克雷农民军"。而在 15 和 16 世纪，欧洲各地也爆发了许多类似的下层阶级叛乱。泰勒叛乱之后的两个半世纪里，德意志、匈牙利、斯洛文尼亚、克罗地亚、芬兰和瑞士爆发生了极为激烈的农民与下层市民起义。这些起义的形式各不相同，涉及的具体社会问题也不同，但这些事件都表明，在从中世纪向现代早期过渡的时候，欧洲诸国的普通男女开始逐渐理解、认识、保卫和表达自己在社会契约中的地位。他们有能力表达复杂的思想，有能力采取集体行动去追寻一个抽象的目标。他们有能力任命和追随自己的领袖，并模仿他们所在国家的政治结构。他们也准备好了为自己的正义事业去承受叛乱带来的残酷惩罚。

　　而泰勒叛乱表明，从政治觉悟发展的角度看，英格兰的下层阶级是欧洲最进步的人群之一，后来也一直如此。到 1450 年杰克·凯德叛乱（英格兰人民的下一次大规模叛乱，同样始于东南部）爆发时，社会契约中的封建色彩已经消失。农奴制在英格兰已经消亡。凯德领导的是一场高度政治化的叛乱，其诉求并非消灭领主制或大规模社会改革。他的叛军抗议的是具体的政策，而不是社会的根本原则。但即便在凯德的语境里，社会契约仍然存在：小民辛苦劳作，主人施与保护。当这种社会契约正常运转的时候，大家相安无事。而当社会契约不能正常运转的时候，结果就是血流成河。

　　最后，1381 年大叛乱给我们留下了一个精彩故事，英格兰历史上的一些最伟大的作家很快就对此进行了思考并加以讲述。乔叟和高尔都曾书写过大叛乱的故事，也都近距离观察了叛军的动物本能。从伊丽莎白时代往后，大叛乱也为剧作家和历史学家提供了丰富的素材。约翰·斯托①在他的史书里提到了大叛乱的故事，16 世纪伦敦的其他编年史家对此也有所涉及。其中最受欢迎的故事的主人公是德特福德笔下的"约翰·泰勒"，他为了保护自己女儿的贞操，打死了一个色胆包天的税吏。

斯托第一次提及 1381 年大叛乱是在 1566 年，当时的人们正在害怕民变，因为不久前的 1553 年发生了反对玛丽一世女王的怀亚特叛乱。② 很快，如兽群般令人胆寒的暴民就成了英语文学中的常见要素。莎士比亚从来没有写过泰勒的故事，但他曾多次描写过其他的叛乱暴民。在《亨利六世第二部》中，杰克·凯德被塑造成一个傲慢的无知之徒，他在砍掉倒霉的塞伊勋爵的脑袋并将其插在长杆上之前如此指责道（这段话也许会让托马斯·沃辛厄姆发笑）：

> 你存心不良，设立什么文法学校来腐蚀国内的青年……我要径直向你指出，你任用了许多人，让他们大谈什么名词和动词，以及这一类的可恶的字眼，这都是任何基督徒的耳朵所不能忍受的。

---

① 约翰·斯托（约 1524 ~ 1605）是英格兰历史学家和古文物学者，著有多部英格兰编年史和《伦敦纵览》。他还收藏了大量手稿和历史文献。

② 玛丽一世计划与西班牙国王腓力二世结婚，这在英格兰国内引起激烈抗议，很多新教徒反对一个外国天主教徒登上英格兰宝座。托马斯·怀亚特爵士、萨福克公爵亨利·格雷等人组织叛乱企图推翻玛丽一世，以她的妹妹伊丽莎白（后来的伊丽莎白一世女王）取而代之。怀亚特在肯特郡起事，率军进逼伦敦，但伦敦市民支持玛丽一世。怀亚特失败，后被处死。萨福克公爵及其女儿简·格雷（在位几天的女王，后被玛丽一世推翻）也被处决。伊丽莎白被姐姐玛丽一世怀疑与叛军串通，但女王无法证明妹妹有罪。

　　同样，在《托马斯·莫尔爵士》（莎士比亚很可能为其补充了一些文字）中，莎士比亚描写莫尔如此训斥一群抗议外国人夺走英格兰人工作的暴民：

　　　假如外国人被赶走，而你们的喧嚣
　　　也骂倒了英格兰的至高权威；
　　　……
　　　就算你们如愿以偿，坐上了王家宝座，
　　　用吵闹让权威之人噤声；
　　　哪怕你们华裳加身，志得意满，
　　　你们又能得到什么？告诉你们，你们只会证明
　　　暴戾和强权如何取得了胜利，
　　　秩序如何遭到了破坏而已。而照此下去
　　　你们当中将没有一个人能活到晚年，
　　　因为别的暴徒也会按他们的幻想，
　　　用同样的手段，自诩同样的理由和权利，
　　　把你们消灭掉。而人们也将如贪吃的鱼群，
　　　互相吞噬。[5]

　　这和另一位英格兰大法官与另一群暴民的争执颇为相似：在沃辛厄姆笔下，萨德伯里在被拖去塔山处死的时候发表的演讲比英尔的台词更为绝望和紧迫，但其核心内容和莫尔的话是一样的：他们都在徒劳地呼吁暴民恢复理智。

　　没过多久，泰勒叛乱就不再只是剧作家的素材，还开始成为政治隐喻的材料。1642 年，一份匿名作者发表的小册子《叛贼罪有应得》用肯特郡和埃塞克斯郡叛军的命运来警告当时的爱尔兰

叛乱者；18 世纪最流行的关于 1381 年叛乱的故事（一本题为《瓦特·泰勒与杰克·斯特劳的历史》的畅销故事书）在詹姆士党人①和北美殖民地反抗汉诺威王朝统治的时期大受欢迎。

在 18 世纪，托马斯·潘恩和埃德蒙·伯克这样的作家对泰勒叛乱兴致盎然，并在当时关于政治理论的讨论中援引其作为素材。[6] 后来在 19 世纪中叶，弗里德里希·恩格斯也在 1848 年革命和欧洲中世纪的阶级斗争历史之间发现了相似之处。[7] 即便在 20 世纪，马克思主义历史学家仍然认为，泰勒叛乱是历史上的一个罕见例子：在这场叛乱中，生活模仿理论，而不是理论源于生活。

但关于泰勒叛乱的最优秀作品当属年轻的浪漫主义诗人罗伯特·骚塞的戏剧。他自称是瓦特·泰勒的后代，在二十多岁血气方刚的时候花了三个夜晚挥笔写就了一部关于这位所谓的祖先的剧作。和大多数以泰勒叛乱为题材的作家一样，骚塞最感兴趣的人物是约翰·鲍尔，剧中最精彩的段落写的就是他。（令骚塞无比尴尬的是，这部剧在写成的二十多年后才出版，那时他已经变成了老迈的保守主义者和桂冠诗人。）

既然本节以约翰·鲍尔之死开始，那么不妨借用骚塞笔下这位疯狂神父的临终遗言（当然是骚塞想象的版本）来结束：

　　约翰·鲍尔

　　［对约翰·特里希林爵士］

---

① 詹姆士党是 17 世纪到 18 世纪上半叶的一场政治运动，目的是帮助 1688 年被废黜的英国国王詹姆士二世及其后代（即斯图亚特王族）复辟。詹姆士党的基地主要在苏格兰、爱尔兰和英格兰北部，他们发动了多次反对英国政府（汉诺威王朝）的武装叛乱。

我此生始终努力去昭示，

如今注定要为它献出生命的真理，

一定会长存人间。命中注定的时辰一定会来，

那真理一定会放射出比太阳更耀眼的光芒。

偏见与谎言的黑雾

必将在它的照射下消散。溜须拍马的烟气

再也不会笼罩血淋淋的王座；

那是压迫的祭坛，在那里举行的仪式

比摩洛神①的祭司传授的更野蛮，

它将被正义的烈火吞噬；

真理的光辉将照耀四面八方，

照亮整个世界！

　　1381年叛乱（或者农民起义、大叛乱、泰勒叛乱云云）说到底是一个关于大人物与小人物之间之关系的故事。严重的社会不公催生了一场大规模民众运动；粗鲁的小民勇敢地与领主对峙，且差一点就要取得胜利；离经叛道的神父根据发自内心的想法布道，而不是照本宣科地朗读祈祷书；头戴王冠的男孩赢得脆弱的胜利；敌对双方都表现出了英雄主义的事迹，都表露出可鄙的傲慢，也都兼有人性和残酷的一面；这场针对根本性社会不公而发起的短暂而精彩的抗议固然失败了，却给五百年后的诗人提供了灵感；这一切透过许多个世纪的时空至今仍向我们传唱。我相信，这正是历史仍然值得阅读并值得被书写的原因。

　　"造反了！"

------

①　摩洛神是一位上古近东神明的名号，与火祭儿童有关。

关于史料

关于 1381 年农民起义有很多充满个性的史料。*The Peasants' Revolt of 1381* by R. B. Dobson（2nd edition，London）——最新一次重印是在 2002 年，不过我手中的版本是 1983 年版的——是一本由现代人编纂的史料集，价值不可估量，它收录了很多重要史料，并对历史背景作了非常有价值的注释。该书仍然是关于这场事件（包括叛乱的起因和后续）的最佳学术性介绍。该书的参考文献也能帮助我们了解关于 1381 年叛乱的第一手和第二手资料，不过当然没有收录近些年的一些新著作。

Le soulèvement des travailleurs d'Angleterre en 1381 by Andr'e Réville（Paris，1898）不完整但很重要。很多与叛乱有关的重要文献是在该书中第一次出版的。遗憾的是，该书在大型版本图书馆之外很难找到，而且从来没有被翻译成英文。Andrew Prescott 严谨的博士论文，The Judicial Records of the Rising of 1381'（University of London PhD thesis，1984）同样有价值，但也同样难找。我写作本书的时候，这篇论文的纸质版在大英图书馆下落不明，所以只能通过微缩胶片来阅读，或者向伦敦大学申请。

我参考了与叛乱有关的大量著作，下面列出了其中一些最有趣也最有帮助的，大致按照我在本书中使用它们的顺序来排列。

The Parliament Rolls of Medieval England，edited by Chris Given-Wilson 出色地转写、翻译、组织并解释了中世纪英格兰

议会的档案。我参考了这份议会档案于 2005 年以 CD 形式发行的电子版，这张 CD 可以在 sdeditions. com/Prome/买到。关于劳工法律、议会和公共政策之间的关系，见 'Service, Serfdom and English Labour Legislation, 1350 – 1500 ', by Chris Given-Wilson, in *Concepts and Patterns of Service in the Later Middle Ages*, by Anne Curry and Elizabeth Matthew（eds.）（Woodbridge, 2000）。

关于伦敦错综复杂的政治形势，包括冈特的约翰与伦敦商人寡头的长期仇怨，见 *The Turbulent London of Richard II*, by R. Bird（London, 1949）。雅努斯·因佩里亚莱谋杀案的卷宗（我描述此案以展现伦敦政局的凶险以及冈特的约翰运用公权力打击私敌的行为）可见 *Select Cases in the Court of King's Bench*, vol. VII, by G. O. Sayles（ed.）。未发表的文章 'The Murder of Janus Imperial: Law and Politics in London before the Peasants Revolt', by D. G. Jones（2002）对此案进行了解释，可以在我的网站 www. summerofblood. com 读到。

叛乱早期发生在乡村的阶段至今晦暗不明。修道院编年史家（详见下文）对于叛乱起源的记载要么语焉不详要么颇为凌乱。不过已经有几篇已发表文章致力于将 1381 年 5 月底到 6 月初的事件理顺，形成一个连贯的叙述。其中最优秀的文章是 'The Organization and Achievements of the Peasants of Kent and Essex in 1381', by Nicholas Brooks, published in *Studies in Medieval History presented to R. H. C. Davis*, by H. Mayr-Harting and R. I. Moore（eds.）（1985）.

关于肯特郡的叛乱，'The Great Rebellion in Kent of 1381 illustrated from the Public Records' by W. E. Flaherty, in

Archaeologia Cantiana 3（1860）颇有价值，这本合集收录了这个瓦特·泰勒出身之郡的法律档案。埃塞克斯郡类似的法律档案集则是‘Essex in Insurrection，1381’，by J. A. Sparvel-Bayly，in *Transactions of the Essex Archaeological Society*，NS，1（Colchester，1878）。对于英格兰东南部的叛乱，有一些更新的区域性研究，但上述两部书能让读者直接接触叛乱平息之后编纂的法律记录。

修道院编年史家对叛乱早期的记载都不是很准确，但我们可以通过比照他们的文本来构建关于伦敦叛乱的叙述。其中消息最灵通的是所谓"佚名编年史家"，我们不知道他的身份，但他似乎享有特权，能够接触到基督圣体节周末危机期间的宫廷内情。Dobson 的版本收录了《佚名编年史》的很大一部分，并且翻译比 *The Great Revolt of 1381*，by Charles Oman（Oxford，1906；我手中的版本 1989 年出版于伦敦）要好。

可读性最强的编年史是圣奥尔本斯的编年史家托马斯·沃辛厄姆的著作。*The St Albans Chronicle：The Chronica Maiora of Thomas Walsingham. Volume I：1376 – 1394*，by John Taylor，Wendy R. Childs and Leslie Watkiss（eds and trans.）（Oxford，2003）是最新版本。沃辛厄姆极端敌视叛军，经常把叛乱的一些情节（比如萨德伯里之死和德斯潘塞的胜利）与古典时代历史和古布立吞人时代的其他重大事件作比较。但他也是发生在圣奥尔本斯的全部事件和伦敦暴乱期间很多事件的目击者。他的作品最出色地描绘了他的阶级在道德层面对叛乱的恐惧。

其他重要的编年史家包括"威斯敏斯特编年史家"和亨利·奈顿。我用的版本是 *The Westminster Chronicle 1381 – 1394*，by

L. C. Hector and Barbara F. Harvey (eds.) (Oxford, 1982) 和 *Knighton's Chronicle 1337 – 1396*, by G. H. Martin (ed.) (Oxford, 1995). "威斯敏斯特编年史家"给伦敦叛乱的叙述增添了有价值的细节。奈顿是关于德斯潘塞平叛行动的最佳史料来源。最后还有让·傅华萨, 他的编年史的一个非常优美的英文译本是 Lord Berners 的 *The Chronicles of Froissart*, by G. C. Macaulay (ed.) (London, 1895)。傅华萨是编年史家当中最别出心裁的一位, 似乎在宫廷拥有良好的信息来源。他说布莱克希思的叛军派往伦敦塔的使者就是罗切斯特城堡的长官约翰·牛顿爵士。我遵循了他的说法, 不过这种说法或许有争议。

对理解伦敦暴乱有帮助的著作还有 *Memorials of London and London Life 1276 – 1419*, by H. T. Riley (ed. and trans.) (London, 1868)。更新的作品有 'London in the Peasants' Revolt: a portrait Gallery', by A. J. Prescott, from the *London Journal* (1981). *Revolt in London: 11th to 15th June 1381* (London, 1981), by C. M. Barron 也简明扼要地讲述了伦敦事件, 并提供了关于伦敦政治的更多背景信息。关于伦敦的其他信息, 比如地理和传统, 还有很多有价值的史料, 我在尾注里都予以标明。有几本书是很有帮助的介绍性著作: *Medieval London*, by T. Baker (London, 1970) 提供了关于伦敦建筑的大量有价值信息。我还努力强调基督圣体节庆气氛的重要性。想在这方面了解更多的读者可以参考 'Corpus Christi and Corpus Regni', by M. Aston in *Past and Present* (1994), 更多背景知识可见 *Corpus Christi: The Eucharist in Late Medieval Culture*, by M. Rubin (Cambridge, 1991)。

关于诺福克的叛乱, *The Rising in East Anglia in 1381*, by

E. Powell (Cambridge, 1896) 仍然是一本非常有价值的书。关于萨福克的叛乱, 可参考 'The rising of 1381 in Suffolk: its origins and participants', by C. Dyer, in *Proceedings of the Suffolk Institute of Archaeology and History* (1985)。关于剑桥郡的叛乱, *Victoria County History of Cambridgeshire*, vol. III 包含了许多在其他地方找不到的关于本地政治的细节。我在本书中运用德斯潘塞主教这个人物把这几个郡在 1381 年 6 月底的故事串联起来。目前有一本他的短篇传记仍然在版: *Henry Despenser: The Fighting Bishop*, by Richard Allington-Smith (Dereham, 2003)。对约翰·鲍尔书信的探讨可参见 *Writing and Rebellion: England in 1381*, by Steven Justice (Berkeley, 1994)。对平叛行动的最佳短篇叙述见于 A. J. Prescott, '"The Hand of God": the suppression of the Peasants' Revolt of 1381' in Nigel J. Morgan, (ed.), *Prophecy, apocalypse and the day of doom*: Proceedings of the 2000 Harlaxton Symposium (*Harlaxton Medieval Studies*, 12) (Donnington: Shaun Tyas, 2004), 它修正了 "政府在平叛时相当克制" 的观点。

对 1381 年叛乱的其他重要叙述包括 *Bond Men Made Free*, by R. Hilton (1973), 这是对 1381 年叛乱的经典马克思主义阐释, 以更广阔的欧洲为背景; 还有 1981 年 "过去与未来学会" 伦敦会议的六篇论文, 后来收录于 *The English Rising of 1381* 一书。1381 年叛乱的史学史, 见 L. M. Matheson, 'The Peasants' Revolt through Five Centuries of Rumour and Reporting' in *Studies in Philology*, Spring 1992, No. 2。上述的很多文本的样章可见 Dobson, *Peasants' Revolt*。

Dictionary of National Biography 里的瓦特·泰勒和约翰·

鲍尔传记是非常精彩的短篇记述，不过我们对这两个人的了解还不充分。社会地位比他们高的人，包括冈特的约翰，伦敦商人沃尔沃思、布雷姆布利和菲利波特，索尔兹伯里伯爵，西蒙·萨德伯里等人，在 *Dictionary of National Biography* 里都有更完整的传记。我参考了 *Dictionary of National Biography* 非常方便的在线版本。

注　释

前言

[1] Westminster Chronicle.

[2] Walsingham.

[3] 对于这种理解民众叛乱的模式，最出色的研究者是艾瑞克·霍布斯鲍姆。具体到 1381 年叛乱，读者可参考 Prescott, *Judicial Records*。

[4] 这种理论家的领军人物是 R. Hilton。他的 *Bond Men Made Free* 一书就是很好的例子：该书的史学与理论造诣很高，但没有引人入胜的叙述。

序章

[1] 在"修女的故事"中，乔叟借用对大叛乱的回忆，描写人和动物角色追逐一只狐狸时造成的喧闹。

[2] 编年史家 Henry Knighton 的回忆。

[3] Ibid.

[4] 对《劳工法》的经典介绍，见 B. H. Putnam 'The enforcement of the statutes of labourers during the first decade after the Black Death' (1908)。

[5] 见《劳工条例》，它于 1351 年正式确立了《劳工法》的法律地位。

[6] 这些怨言是在 1377 年 10 月的议会上发出的。这是理查二世在位期间的第一次议会。

[7] 对"大谣言"的学术分析，见 R. J. Faith, 'The Great Rumour of 1377 and Peasant Ideology' in *The English Rising of 1381* (Past and Present Society Conference proceedings, 1981)。Faith 解释了 John Godefray 那样的暴民煽动者的立场。（1377 年议会的请愿书描述这些煽动者为"怂恿民众作乱、为刁民鼓劲打气和出谋划策之人"，通过"建议……和操控"

煽动乡民。）Godefray 被带到威尔特郡的法官面前，法庭指控他煽动农民，告诉农民"《末日审判书》……的记录"会证明他们是自由民。

［8］1376 年 4 月至 7 月的"好议会"上发出的怨言。对此的标准叙述，见 GH Holmes, *The Good Parliament*（Oxford 1975）。

［9］描述见编年史 *Vita Ricardi II*, quoted in Dobson, *Peasants' Revolt*。

一 议会

［1］14 世纪的议会不是一个用来拉帮结派和进行党争的地方，而是国王和统治集团讨价还价的场所。双方做交易，国王同意作出让步，用改革和更好的治理措施，换取议会下议院议员对国王向国民征税的认可。在国王和下议院议员之间还有贵族，他们的利益倾向于国王。国王依赖上议院有权有势的贵族帮助他与下议院议员斡旋，最终达成既符合全国利益又能为政府政策买单的妥协。

［2］According to the Parliament Rolls.

［3］Ibid.

二 兰开斯特

［1］关于雅努斯·因佩里亚莱谋杀案，见"关于史料"。

［2］冈特的约翰的两本最好的传记是 S. Armitage-Smith, *John of Gaunt*（repr. London, 1964）and A. Goodman, *John of Gaunt: The Exercise of Princely Power in Fourteenth-Century Europe*（Harlow, 1992）.

三 征税

［1］Henry Knighton.

［2］Ibid.

［3］Ibid.

［4］Anonimalle Chronicle.

［5］Ibid.

［6］Ibid.

四 揭竿而起

［1］Anonimalle Chronicle.

［2］Anonimalle Chronicle.

五 将军与先知

［1］民间曾普遍以为兰开斯特公爵觊觎王位。这部分是因为冈特的

约翰特别招人忌恨，部分则是因为他非常重视国王的权利，但这种想法是错误的。

[2] Anonimalle Chronicle.

[3] Anonimalle Chronicle.

[4] Anonimalle Chronicle-see also H. Eiden, 'Joint action against "bad" lordship：The Peasants' Revolt in Essex and Norfolk', *History*, vol. 83（1998）.

[5] Anonimalle Chronicle.

六　布莱克希思

[1]《佚名编年史》的作者说布莱克希思山上有五万人，泰晤士河北岸的埃塞克斯郡叛军有六万人。傅华萨估计山上有六万人。

[2]《佚名编年史》说白金汉伯爵与萨福克伯爵在伦敦塔和理查二世待在一起。这是错误的。叛乱期间白金汉伯爵要么在威尔士（傅华萨的说法），要么在布列塔尼；萨福克伯爵在东盎格利亚。

[3] 此处遵循傅华萨的说法：他的作品并不总是可靠，但他在宫廷有良好的信息来源；叛军在抓获牛顿之后很可能会对他这种有价值的资源善加利用。

[4] 威斯敏斯特编年史家肯定记住了这一点。他还记得叛军"造反了！"的呼喊声。

七　忠实的平民

[1] 关于基督圣体节，见 M. Rubin, *Corpus Christi*：*The Eucharist in Late Medieval Culture*（Cambridge, 1991）。

[2] 对理查二世加冕礼的描述，见 *Richard II*, by N. Saul（Yale, 1997）。

[3] 对这种思想的解释，见 G. L. Harriss, *Shaping the Nation*（Oxford, 2005）, p. 251。

[4] 这些话是傅华萨笔下的鲍尔说的，能够代表他惯常的布道内容，即英格兰普遍的不平等现象。Berners 的译文让鲍尔的布道文更显优雅，但扭曲了它的本来面目。

八　伦敦桥

[1] Gower, *Vox Clamantis*.

［2］关于叛乱平息之后与沃尔沃思有关系的市议员受到通匪指控的情况，见 Bird, *Turbulent London*。

［3］Anonimalle Chronicle.

［4］Ibid.

九 最初的烈火

［1］关于圣殿的历史与建筑，见 Baker, *Medieval London*。

［2］关于这些事件的时间，见 Westminster Chronicle。

十 围攻

［1］Prescott,'Portrait Gallery'.

［2］关于叛军在伦敦期间有人趁机了结私怨的事例，见 Prescott,'Portrait Gallery'。

［3］Anonimalle Chronicle.

［4］Ibid.

十一 作战会议

［1］Walsingham.

［2］Froissart.

十二 麦尔安德

［1］出自 1382 年 11 月 20 日伦敦治安官的审讯档案，见 Dobson, *Peasants' Revolt* and Oman, *Great Revolt*。但我们必须记住，治安官审讯档案的内容往往受政治左右，所以法灵顿的记录被放在这里可能是出于失误。

［2］Flaherty,'Great Rebellion in Kent'记载道，叛乱结束后，滕纳姆（Tenham）百户邑的 Thomas Noke 被指控在麦尔安德杀害了 James French。

［3］只有《佚名编年史》说泰勒在麦尔安德。这部史书对伦敦事件的描述基本上可靠，但此处记载值得怀疑。叛军在麦尔安德和次日在史密斯菲尔德提出的要求的性质迥然不同，这似乎能印证其他几部编年史的说法，即泰勒没有参加麦尔安德的谈判。他此时可能更靠近聚集在伦敦塔周围的那群更狂野、更激进的叛军。

［4］Anonimalle Chronicle.

十三 伦敦塔

［1］多位编年史家记载道，萨德伯里在当天早晨做了弥撒。中世纪

的弥撒和二十世纪六十年代第二次梵蒂冈会议之后主流的天主教弥撒差别很大。特伦托弥撒大致接近中世纪盛期的弥撒。现代人对特伦托弥撒的重演，可见 nytimes. com/packages/html/us/20071104_ LATINMASS_FEATURE/index. html；斯堪的纳维亚版本的弥撒，可见 liturgy. dk/default. asp? Action = Details&Item = 559。

［2］M. Aston, 'Corpus Christi and Corpus Regni', in *Past and Present* (1994) .

［3］Walsingham.

［4］Ormrod, 'The Peasants' Revolt and the Government of English', *Journal of British Studies*, 29（1990）为沃辛厄姆对叛军洗劫伦敦塔的生动描述补充了实物证据。

［5］According to Walsingham.

［6］虽然我们几乎可以肯定沃辛厄姆对萨德伯里之死的描述更多是一篇理想化的圣人传而不是可靠的史实，但他笔下萨德伯里的情感很真实。不过我们也有理由怀疑沃辛厄姆对萨德伯里如基督一般的受难描写有些过分了。

十四　农民军的肆虐

［1］傅华萨记载了留在伦敦的那些叛军的"极大恶意"，他们打算在城里烧杀抢掠。总的来讲，几位编年史家似乎都认为，随着东部叛军在麦尔安德事件之后离开伦敦，留在城内的叛军行径更为恶毒。

［2］几位编年史家对塔山上被处死的人数意见不一。《佚名编年史》的作者说萨德伯里、黑尔斯和阿普尔顿是在塔山上被杀的，不久之后约翰・莱格和"某位陪审员"也被杀死；这五人的首级被带到了威斯敏斯特，而当天（可能在中午时分）另有三人在城内被杀，他们的首级在叛军队伍回到伦敦桥之后也被悬挂示众。威斯敏斯特的修士同意有五人在塔山被杀，但他暗示这就是被杀的总人数。根据沃辛厄姆和傅华萨的记载，莱格是和萨德伯里、黑尔斯与阿普尔顿一起被杀的（但没提那个陪审员）；奈顿的记载比较混乱，说塔山上有七人被处死。

［3］See City of London Letter Book H, in Dobson, *Peasants' Revolt*. 1381 年 Stepney 的拼写是 Stebenhithe。

［4］关于理查二世对威斯敏斯特教堂的特别钟爱，见 Stanley, *Westminster Abbey.*

[5] London Letter Book H.

[6] Honeybourne, *Sketch Map of London*.

[7] Prescott, 'Portrait Gallery'.

[8] Ibid.

[9] Ibid.

[10] Dobson, *Peasants' Revolt*.

[11] Barron, *London in the Later Middle Ages*.

[12] Ibid.

[13] J. Stow, *Survey of London* (1598).

[14] Ibid.

十五　危机

[1] 6 月 15 日星期六的事件时间出自《佚名编年史》而不是《威斯敏斯特编年史》。后者记载的理查二世到访威斯敏斯特的时间要早得多。但《佚名编年史》和 London Letter Book H 都认为混乱持续到星期六下午晚些时候。《佚名编年史》说国王抵达威斯敏斯特的时间是下午 3 点，而 Letter Book H 说城里的混乱持续到晚祷（大约下午 6 点）时分。所以史密斯菲尔德会见的时间差不多是下午 5 点。

[2] Anonimalle Chronicle.

[3] A. J. Prescott, *Digitising the Event*（freemasonry. dept. shef. ac. uk, 2005）记载道, Barford St John 的 Robert Bennett 说, 当叛军逼近时, 因姆沃思的妻子将六只银匙交给他保管。Bennett 是已经获罪的重犯和曾经的政府官吏, 后来根据一个米德塞克斯陪审团提出的证据被认定参加了烧毁萨伏依宫和克拉肯韦尔修道院的行动, 因此被处决。

[4] 关于威斯敏斯特教堂的历史和下文的很多细节, 见 Stanley, *Westminster Abbey*.

[5] 事件时间出自《佚名编年史》。

[6] Stanley, *Westminster Abbey*.

十六　史密斯菲尔德

[1] 对史密斯菲尔德的早期描述中最有名的是 William Fitzstephen 的 'Description of London', *c.* 1170.

[2] 叛乱平息之后, 政府如果能把叛乱者描述成团结在一面旗帜之

下，拥有军事化组织的队伍，就能更轻易地指控他们叛国。但叛乱者显然尊重瓦特·泰勒这位领袖，委托他代表他们所有人去谈判，所以我们没有理由怀疑几位编年史家的说法，即"平民排成几支庞大的队伍"（《佚名编年史》）。

［3］对圣巴托罗缪修道院的简要描述，见 Baker, *Medieval London*。

［4］沃辛厄姆记载称，被派去传唤泰勒的是约翰·牛顿爵士，即曾经被叛军俘虏的罗切斯特城堡长官。这很符合逻辑，但在叙述史密斯菲尔德事件的时候，我们必须遵照《佚名编年史》，因为它的记载在整体上更可靠，更关注间接细节，并且作者可能是现场目击者。

［5］关于绿林好汉的传奇在 14 世纪末开始以口头流传方式在民间流行。在此类传奇故事里，绿林好汉与国王本着互相尊重的精神进行会谈是标准的结局。See S. Knight and T. Ohlgren, *Robin Hood and Other Outlaw Tales* (Kalamazoo, 1997) for a collection of outlaw stories.

［6］Anonimalle Chronicle.

十七　摊牌

［1］Walsingham.

［2］根据《佚名编年史》。其他史料说，理查二世面前发生冲突之后泰勒当场死亡。

十八　惩罚

［1］该命令状见 Dobson, *Peasants' Revolt*。

［2］此后的叙述参考的是托马斯·沃辛厄姆的目击记录。

十九　主教

［1］我们可以根据鲍尔 7 月中旬出现在考文垂的记载来推断他的行踪。

［2］沃辛厄姆和奈顿收集了鲍尔的一些书信，见 Dobson, *Peasants' Revolt*。

［3］奈顿对德斯潘塞穿过东盎格利亚的行程记录得最为详细。

［4］傅华萨对塞尔被暴民杀死的情景作了浪漫化、或许有些滑稽的描写。

二十　以暴制暴

［1］Westminster Chronicle.

［2］ Recorded in Walsingham.

［3］ Knighton.

［4］ 1381 年 11 月议会的会议记录详细叙述了基督圣体节周末剑桥的动乱。

二十一　诺里奇

［1］ See Eiden, 'Joint action'.

［2］ Cf footnote 1, Chapter Nineteen, above.

［3］ See Prescott, 'Judicial Records'.

二十二　复仇

［1］ See Prescott, ' "The Hand of God": the Suppression of the Peasants' Revolt of 1381'.

［2］ Prescott, 'Judicial Records'.

［3］ 沃辛厄姆记录了此次战役，将其比作布狄卡的最后一战。

［4］ Walsingham.

［5］ Ibid. 沃辛厄姆描写理查二世傲慢地谴责叛军时显得兴高采烈。

尾声

［1］ Quoted in Prescott, ' "Hand of God" '.

［2］ Ibid.

［3］ 前一个数字是 Prescott 对死于战场和被王室平叛委员会与法官处死的叛军人数的最低估计（see Prescott, ' "Hand of God" '）；后一个数字是编年史家 Monk of Evesham 记载的数字，他为理查二世写了一部传记。

［4］ 理查二世试图平息争吵的细节，见 K. Towson, ' "Hearts warped by passion": The Percy-Gaunt dispute of 1381 ', in *Fourteenth Century England III*, ed. W. M. Ormrod（Woodbridge, 2004）.

［5］ 感谢 Oliver Morgan 分享了他对莎士比亚笔下叛军的思考，以及指出此处引用的两段。

［6］ For all the above examples, see L. M. Matheson, 'The Peasants' Revolt through Five Centuries of Rumor and Reporting' in *Studies in Philology*, Spring 1992, No. 2.

［7］ E. Burke, *Appeal from the New to the Old Whigs*; T. Paine, *Rights of Man: Part Two*; F. Engels, *The Peasant War in Germany*.

译名对照表

A

Aldersgate, London 奥尔德斯门, 伦敦

Aldgate, London 阿尔德门, 伦敦

Algor, John 约翰·艾尔戈

Allen, Reginald 雷金纳德·艾伦

Allen, Sir Robert 罗伯特·艾伦爵士

Anne of Bohemia 波西米亚的安妮

Anonimalle Chronicle 《佚名编年史》

Appleton, William 威廉·阿普尔顿

Attewell, Adam 亚当·艾特威尔

B

Bacon, Sir Roger 罗杰·培根爵士

Baker, Thomas 托马斯·贝克

Ball, John 约翰·鲍尔

Bamburgh Castle, Northumberland 班堡, 诺森伯兰郡

Bampton, Sir John de 约翰·德·班普顿爵士

Barnet, Hertfordshire 巴尼特, 赫特福德郡

Barstaple, Essex 巴斯特珀尔, 埃塞克斯郡

Baynard's Castle, London 贝纳德城堡, 伦敦

Beauchamp, earl of Warwick, Thomas 托马斯·比彻姆, 沃里克伯爵

Beauchamp, William 威廉·比彻姆

Belknap, Sir Robert 罗伯特·贝尔纳普爵士

Berland, William 威廉·伯兰

Billericay, Essex 比勒瑞卡, 埃塞克斯郡

Billingsgate fish market, London 比灵斯盖特鱼市, 伦敦

Bixton, Walter de 沃尔特·德·比克斯顿

Black Death, the 黑死病

Blackheath, London 布莱克希思, 伦敦

Boccaccio, Giovanni 乔万尼·薄伽丘

Bocking, Essex 博金, 埃塞克斯郡

Borden, Kent 博登，肯特郡

Brembre, Sir Nicholas 尼古拉斯·布雷姆布利爵士

Brentwood, Essex 布伦特伍德，埃塞克斯郡

Bretigny, Treaty of 《布雷蒂尼条约》

Brewes, Sir John de 约翰·德·布鲁斯爵士

Bridgewater, Somerset 布里奇沃特，萨默塞特郡

Buckingham, earl of see Thomas of Woodstock, earl of Buckingham 白金汉伯爵，见伍德斯托克的托马斯，白金汉伯爵

Buckinghamshire 白金汉郡

Burke, Edmund 埃德蒙·伯克

Burley, Sir John 约翰·伯利爵士

Burley, Sir Simon 西蒙·伯利爵士

Bury St Edmunds, Suffolk 贝里圣埃德蒙兹，萨福克郡

Butterwick, John 约翰·巴特维克

C

Cade, Jack 杰克·凯德

Cadyndon, William 威廉·凯丁顿

Calais, France 加来，法兰西

Cambridge 剑桥

Cambridgeshire 剑桥郡

Canterbury, Kent 坎特伯雷，肯特郡

Carlisle, Adam 亚当·卡莱尔

Cavendish, Sir John 约翰·卡文迪许爵士

Charing, London 查令，伦敦

Charles V of France, King 查理五世，法兰西国王

Chaucer, Geoffrey 杰弗里·乔叟

Chaundler, William 威廉·昌德勒

Cheapside, London 齐普赛，伦敦

Chelmsford, Kent 切尔姆斯福德，肯特郡

Cheyne, William 威廉·切恩

Christ Church, Canterbury, Kent 基督堂，坎特伯雷，肯特郡

Clandon, Surrey 克兰顿，萨里郡

Clerkenwell, London 克拉肯韦尔，伦敦

Coggeshall, Essex 科吉舍尔，埃塞克斯郡

Colchester, Essex 科尔切斯特，埃塞克斯郡

Corpus Christi 基督圣体节

Cottenham, Cambridgeshire 科特纳姆，剑桥郡

Courtenay, bishop of London,

Ferrers, Sir Ralph 拉尔夫·费勒斯
爵士

Fitzalan, earl of Arundel, Richard
理查·菲茨艾伦，阿伦德尔伯
爵

Fitzwalter, Sir William 威廉·菲茨
沃尔特爵士

Fitzwalter, Walter 沃尔特·菲茨沃
尔特

Fleet Prison, London 弗利特监狱，
伦敦

Fleet Street, London 弗利特街，伦敦

Flemish merchants 佛兰德商人

Fobbing, Essex 弗宾，埃塞克斯郡

Fog, Sir Thomas 托马斯·弗格爵士

Fordham of Durham, Bishop 达勒姆
主教福德姆

Fresh, John 约翰·弗雷什

Freston, John de 约翰·德·弗莱
斯顿

Frindsbury, Kent 弗林兹伯里，肯
特郡

Froissart, John 让·傅华萨

G

Garmwenton, Thomas 托马斯·加
姆温顿

Gascony, France 加斯科涅，法兰
西

Gildesburgh, Sir John 约翰·吉尔
兹伯勒爵士

Giles (Guilden) Morden, Cambridge-
shire 贾尔斯默顿（吉尔登默
顿），剑桥郡

Godwot, John 约翰·戈德沃特

Gordon, Lord 戈登勋爵

Gower, John 约翰·高尔

Gravele, Robert de 罗伯特·德·
格莱沃

Gravesend, Kent 格雷夫森德，肯
特郡

Great Yarmouth, Norfolk 大雅茅斯，
诺福克郡

Greenwich, London 格林尼治，伦
敦

Grindcobbe, William 威廉·格林
德柯布

Guildhall, London 伦敦市政厅

H

Hales, Sir Robert 罗伯特·黑尔斯
爵士

Hales, Sir Stephen 斯蒂芬·黑尔
斯爵士

Harleston, Roger of 哈尔斯顿的罗杰

Harleston, Sir John 约翰·哈尔斯

Tongue, William 威廉·唐

Topclyve, William 威廉·托普克莱夫

Tower Hill, London 塔山, 伦敦

Tresilian, Robert 罗伯特·特里希林

Trewman, William 威廉·特鲁曼

Trunch, John 约翰·特朗奇

Tyler, Wat 瓦特·泰勒

Tyrell, Thomas 托马斯·蒂勒尔

U

Ufford, earl of Suffolk, William 威廉·厄福德, 萨福克伯爵

Usk, Adam 阿斯克的亚当

V

Vintry, London 温特里, 伦敦

Vox Clamantis ('A voice crying') (Gower)《哭喊者之声》(高尔)

W

Waldegrave, Richard 理查·沃尔德格雷夫爵士

Wallace, William 威廉·华莱士

Walsingham, Thomas 托马斯·沃辛厄姆

Waltham, Essex 沃尔瑟姆, 埃塞克斯郡

Walworth, Mayor of London, Sir William 威廉·沃尔沃思爵士, 伦敦市长

Ware, Hugh 休·韦尔

Welle, Adam atte 亚当·艾特威尔

Westminster Abbey, London 威斯敏斯特教堂

Westminster Chronicler 威斯敏斯特编年史家

Whitsun 圣灵降临节

Wightman, William 威廉·怀特曼

Wigmore, William 威廉·威格莫尔

William the Conqueror 征服者威廉

Winchester 温切斯特

Wrawe, John 约翰·乌劳

Wyclif, John 约翰·威克里夫

Wykeham, William 威廉·威克姆

Y

York 约克

Yorkshire 约克郡

Zouche, Hugh de la 休·德·拉·朱什

图书在版编目（CIP）数据

血夏：1381年英格兰农民起义／（英）丹·琼斯
（Dan Jones）著；陆大鹏，刘晓晖译 . -- 北京：社会
科学文献出版社，2020.2（2023.3 重印）
　　书名原文：Summer of Blood：The Peasants'
Revolt of 1381
　　ISBN 978 - 7 - 5201 - 5439 - 0

　　Ⅰ.①血… 　Ⅱ.①丹… ②陆… ③刘… 　Ⅲ.①瓦特·
泰勒起义（1381）- 历史 　Ⅳ.①K561.32

中国版本图书馆 CIP 数据核字（2019）第 184666 号

血夏：1381 年英格兰农民起义

著　　者／〔英〕丹·琼斯（Dan Jones）
译　　者／陆大鹏　刘晓晖

出 版 人／王利民
组稿编辑／董风云
责任编辑／张金勇　徐一彤
责任印制／王京美

出　　版／社会科学文献出版社·甲骨文工作室（分社）（010）59366527
　　　　　　地址：北京市北三环中路甲 29 号院华龙大厦　邮编：100029
　　　　　　网址：www.ssap.com.cn
发　　行／社会科学文献出版社（010）59367028
印　　装／三河市东方印刷有限公司

规　　格／开　本：889mm × 1194mm　1/32
　　　　　　印　张：8.625　插页：0.625　字　数：194 千字
版　　次／2020 年 2 月第 1 版　2023 年 3 月第 2 次印刷
书　　号／ISBN 978 - 7 - 5201 - 5439 - 0
著作权合同
登 记 号／图字 01 - 2016 - 6130 号
定　　价／52.00 元

读者服务电话：4008918866